# Business Engineering
# Prozeß- und Systementwicklung

*Band 2:* Fallbeispiel

Zweite, verbesserte Auflage

## Springer
*Berlin
Heidelberg
New York
Barcelona
Budapest
Hongkong
London
Mailand
Paris
Santa Clara
Singapur
Tokio*

Hubert Österle · Claudia Brenner
Christian Gaßner · Thomas Gutzwiller
Thomas Hess

# Business Engineering Prozeß- und Systementwicklung

*Band 2:* Fallbeispiel

Zweite, verbesserte Auflage

Mit 70 Abbildungen

 Springer

Prof. Dr. Hubert Österle
Institut für Wirtschaftsinformatik
Universität St. Gallen
Dufourstraße 50
CH-9000 St. Gallen
Internet: Hubert.Oesterle @ IWI.UNISG.CH

Die Deutsche Bibliothek - CIP-Einheitsaufnahme

**Business engineering** : Prozess- und Systementwicklung. -
Berlin ; Heidelberg ; New York ; Barcelona ; Budapest ;
Hongkong ; London ; Mailand ; Paris ; Santa Clara ; Singapur ;
Tokio : Springer.
  Literaturangaben

Bd. 2. Fallbeispiel / Hubert Österle ... - 2., verb. Aufl. - 1996
ISBN-13:978-3-540-60694-9   e-ISBN-13:978-3-642-61437-8
DOI: 10.1007/978-3-642-61437-8

NE: Österle, Hubert

ISBN 3-540-60694-7 Springer-Verlag Berlin Heidelberg New York
ISBN 3-540-58700-4 1. Auflage Springer-Verlag Berlin Heidelberg New York

Dieses Werk ist urheberrechtlich geschützt. Die dadurch begründeten Rechte, insbesondere die der Übersetzung, des Nachdrucks, des Vortrags, der Entnahme von Abbildungen und Tabellen, der Funksendung, der Mikroverfilmung oder der Vervielfältigung auf anderen Wegen und der Speicherung in Datenverarbeitungsanlagen, bleiben, auch bei nur auszugsweiser Verwertung, vorbehalten. Eine Vervielfältigung dieses Werkes oder von Teilen dieses Werkes ist auch im Einzelfall nur in den Grenzen der gesetzlichen Bestimmungen des Urheberrechtsgesetzes der Bundesrepublik Deutschland vom 9. September 1965 in der jeweils geltenden Fassung zulässig. Sie ist grundsätzlich vergütungspflichtig. Zuwiderhandlungen unterliegen den Strafbestimmungen des Urheberrechtsgesetzes.

Springer-Verlag ist ein Unternehmen der Fachverlagsgruppe Bertelsmann Springer.
© Springer-Verlag Berlin Heidelberg 1995, 1996

Die Wiedergabe von Gebrauchsnamen, Handelsnamen, Warenbezeichnungen usw. in diesem Werk berechtigt auch ohne besondere Kennzeichnung nicht zu der Annahme, daß solche Namen im Sinne der Warenzeichen- und Markenschutz-Gesetzgebung als frei zu betrachten wären und daher von jedermann benutzt werden dürften.

SPIN 10766925    42/3111-5 4 3 2 1 - Gedruckt auf säurefreiem Papier

# Vorwort

Business Engineering erfordert Denken im Großen und im Kleinen. Einerseits muß es die Grundlagen des Geschäfts neu formulieren ("reinvent the business"), andererseits die Prozesse im Detail verstehen. So muß ein Unternehmen beispielsweise seine Rolle im Wirtschaftssektor überdenken, gleichzeitig aber auch die Auswirkungen der elektronischen Kommunikation mit Kunden auf die Organisation seiner Kunden- und Produktdaten abschätzen. Business Engineering muß von der Strategie über den Prozeß bis zum Informationssystem reichen.

Diese ganzheitliche Sicht bringt eine hohe Komplexität mit sich. Ein zentrales Anliegen des Business Engineerings ist die Reduktion und Beherrschung der Komplexität von Geschäftslösungen. Um diese umfassende Thematik verständlich zu machen, beschreibt Band 2 ein umfassendes Fallbeispiel. Es ist aus einem realen Fall abgeleitet, verfremdet und für Unterrichtszwecke aufbereitet worden. Es enthält Auszüge aus der Strategie eines Unternehmens (UNTEL Schweiz AG), aus dem Prozeß Verkauf und aus dem Verkaufs-Informationssystem.

> **Weiterentwicklung des Fallbeispiels im Internet**
>
> Das Institut für Wirtschaftsinformatik möchte zusammen mit anderen Ausbildungsstätten das Fallbeispiel weiterentwickeln. Wir fordern die Leser auf, ihre Erfahrungen mit dem Beispiel, Varianten für Strategie, Prozeß und Informationssystem, Übungsaufgaben, Musterlösungen und anderes Unterrichtsmaterial via Internet auszutauschen. Wir übernehmen es bis auf weiteres, diese Beiträge im Stile einer moderierten Konferenz unter dem Namen des jeweiligen Autors im Internet zu publizieren. Interessenten haben derzeit zwei Möglichkeiten, an der Plattform mitzuwirken:
>
> - Im Internet mittels WWW über URL = http://www-iwi.unisg.ch/
>   (Feedback-Formular für Reaktionen und Publikation der Ergebnisse)
>
> - Über E-Mail an den Autor:
>   Internet:   Hubert.Oesterle@IWI.UNISG.CH
>   X.400:      s=oesterle ou=sgcl1 o=unisg p=switch a=arcom c=ch

Kapitel 1. liefert zunächst den methodischen Rahmen. Es beschreibt, welche Ergebnisse das Business Engineering in Form von Dokumenten hervorbringt und wie sie zusammenhängen. Die Kapitel 2. bis 4. zeigen dann Ausschnitte aus der Dokumentation des Business Engineerings mit folgenden Zielen:

- Der Leser soll eine Vorstellung von realen Projekten gewinnen und die Techniken aus Band 1 in einer realitätsnahen Umgebung verstehen und anwenden lernen. Das Fallbeispiel soll wenigstens ansatzweise die große Zahl von Komponenten und Beziehungen zeigen, die ein reales Projekt ausmachen.

- Das Fallbeispiel bietet vielfältige Übungsmöglichkeiten, angefangen vom Entwurf neuer Teile über die Modifikation bestehender Lösungen, dem Verfolgen von Auswirkungen von Modifikationen bis zur Suche von Fehlern und Schwachstellen. Damit soll der Studierende auch die Weiterentwicklung üben, die für die Praxis viel wichtiger als die Neuentwicklung auf der grünen Wiese ist.

- Die Dokumentation ist so umfangreich, daß sie auch zur Übung anderer als der in Band 1 behandelten Techniken, beispielsweise der Einführung von Standard-Anwendungssoftware, verwendbar ist.

- Das Fallbeispiel deckt so viele Aspekte ab, daß es sich als Referenzbeispiel zur Evaluation von Methoden und Werkzeugen des Business Engineerings, insbesondere der Prozeß- und Systementwicklung, eignet.

In der Praxis machen die Dokumentationen zur Strategie, zu einem Prozeß und zu einem Informationssystem ein Mehrfaches des hier abgebildeten Umfanges aus. Einerseits werden die dargestellten Ergebnisse stärker detailliert, andererseits kommen weitere Arten von Dokumenten dazu. Wir haben das Fallbeispiel für den Unterricht - insbesondere in Kapitel 4., Informationssystem - gegenüber der betrieblichen Realität an vielen Stellen vereinfacht. So behandeln wir z. B. folgende Aspekte nicht: Stammaufträge, Kunden- und Artikel-(gruppen-)spezifische Konditionen, Mengen- und/oder Umsatzrabatte, Skonto, Werkskalender (Feiertage, Wochenende, Werksferien), Historisierung von Artikeln (Dynamik des Sortiments), Preislisten (Aktionen, Preisstellungsdatum), dynamische Prüfung der Kreditlimite, Teil-/Sammellieferung, Angebotsbearbeitung, Mehrwertsteuer und Fremdwährungen.

St. Gallen, im Oktober 1994 (1. Auflage)
  Oktober 1995 (2., verbesserte Auflage)  Die Autoren

# Inhaltsverzeichnis

1. **Grundlagen einer Methode des Business Engineerings......1**
   - 1.1. Ebenen des Business Engineerings .................................. 2
     - 1.1.1. Strategie ................................................................. 3
     - 1.1.2. Prozeß .................................................................... 5
     - 1.1.3. Informationssystem ............................................... 6
     - 1.1.4. Verbindung der Ebenen des Business Engineerings ............. 7
   - 1.2. Metamodell des Business Engineerings ............................ 8
   - 1.3. Methode des Business Engineerings ............................... 10
2. **Geschäftsstrategie ............................................................ 13**
   - 2.1. Leitbild ........................................................................... 14
   - 2.2. Strategische Stoßrichtung ............................................... 14
   - 2.3. Markt .............................................................................. 15
     - 2.3.1. Chancen und Gefahren .......................................... 17
     - 2.3.2. Wettbewerb ........................................................... 19
     - 2.3.3. Stärken und Schwächen ........................................ 20
   - 2.4. Geschäftspartner (Soll) ................................................... 21
     - 2.4.1. Lieferanten ............................................................ 21
     - 2.4.2. Kunden .................................................................. 22
     - 2.4.3. Strategische Allianzen .......................................... 22
   - 2.5. Marktleistungen (Soll) .................................................... 22
     - 2.5.1. Produkte ................................................................ 23
     - 2.5.2. Dienstleistungen ................................................... 25
     - 2.5.3. Produktportfolio nach Marktwachstum und Marktanteil ........ 27
     - 2.5.4. Preispolitik ........................................................... 29
     - 2.5.5. Logistikklassen ..................................................... 29

2.6. Organisation ..................................................................30
   2.6.1. Charakteristik der Organisation (Ist) ...........................30
   2.6.2. Organisationsstruktur (Ist) ..........................................32
      2.6.2.1. Konzernstruktur ..................................................32
      2.6.2.2. UNTEL Schweiz AG (Ist) ...................................33
   2.6.3. Organisationsstruktur (Soll) .........................................34
      2.6.3.1. Primäre Organisationsstruktur .............................34
      2.6.3.2. Geschäftsfeldorganisation ...................................36
      2.6.3.3. Prozeßorganisation ..............................................37
      2.6.3.4. Standorte ..............................................................40
   2.6.4. IS- und IT-Architektur ..................................................41

2.7. Führungssystem (Soll) ....................................................44
   2.7.1. Erfolgsfaktoren .............................................................44
   2.7.2. Führungsgrößen ............................................................44
   2.7.3. Geschäftsziele ...............................................................47
   2.7.4. Planungs- und Kontrollsystem .....................................49

2.8. Personal (Soll) ..................................................................50

2.9. Migrationsplan ..................................................................51

2.10. Weiterführende Literatur ................................................56

# 3. Prozeß ..................................................................................57

3.1. Prozeßvision .....................................................................58

3.2. Leistungen ........................................................................62

3.3. Aufgabenketten ................................................................65

3.4. Verkaufs-IS ......................................................................86
   3.4.1. ER-Diagramm ...............................................................87
   3.4.2. Beschreibung Entitätstypen .........................................88
   3.4.3. Effektmodelle und Applikations- und Datenbankbildung .......96

3.5. Prozeßführung ..................................................................98

# 4. Informationssystem .........................................101

4.1. Beschreibung von Entitätstypen und Transaktionen ............... 101

4.1.1. Formular zur Beschreibung von Entitätstypen ................ 102

4.1.2. Formular zur Beschreibung von Transaktionen ............... 105

4.2. ER-Diagramm ....................................................... 107

4.3. Beschreibung von Entitätstypen pro Datenbank .................... 108

4.4. Codetabellen ....................................................... 124

4.5. Schnittstellenbeschreibung ........................................ 127

4.6. Transaktionsbeschreibungen pro Applikation ...................... 127

4.7. Effektmodell pro Applikation ..................................... 154

4.8. Entity-Life-Histories ............................................. 158

4.9. Online-Transaktionsnetzwerk pro Applikation ..................... 163

4.10. Batch-Transaktionsnetzwerk pro Applikation ...................... 166

4.11. Beschreibung der Listen und Messages (Ausschnitt) .............. 167

4.12. Beschreibung der Bildschirmmasken (Ausschnitt) ................. 167

4.13. Beschreibung der Menüstrukturen (Ausschnitt) ................... 168

4.14. Beschreibung der Dialogflüsse (Ausschnitt) ...................... 169

4.15. Autorisierung ..................................................... 170

# Literaturverzeichnis .............................................173

# Abkürzungsverzeichnis

| | |
|---|---|
| AE | Auftragserfassung |
| AV | Auftragsverwaltung |
| CO | Computer |
| DB | Datenbank |
| DI | Disposition |
| E | Einkauf |
| EDIFACT | Electronic Data Interchange for Administration, Commerce and Transport |
| EPK | Elektronischer Produktkatalog |
| ER | Entity-Relationship |
| FR | Finanz- und Rechnungswesen |
| FS | Fremdschlüssel |
| IS | Informationssystem; Identifikationsschlüssel |
| K | Kunde |
| KV | Kundenverwaltung |
| MS | Marketing Services |
| O | Operator |
| PM | Produkt Management |
| V | Verkaufsleiter |
| VA | Verkaufsassistenz |
| VF | Verkaufsführung |
| VR | Regionale Leitung Verkauf und Beratung |
| VT | Vertreter |
| VZ | Zentrale Leitung Verkauf und Beratung |
| WaWi | Warenwirtschaftssystem |

# 1. Grundlagen einer Methode des Business Engineerings

Das *Business Engineering* gestaltet die Dimensionen Organisation, Daten und Funktionen auf den Ebenen Strategie, Prozeß und Informationssystem (vgl. Band 1, Punkt 1.3.3.).

der Funktionen; er ist also nach den Dimensionen des Business Engineerings gegliedert. Das bedeutet nicht, daß ein Projekt des Business Engineerings zuerst die Organisation, dann die Daten und schließlich die Funktionen entwirft und dabei die Techniken in der Reihenfolge der Kapitelgliederung anwendet.

Band 2 gliedert die Dokumentation des Fallbeispieles nach den Ebenen des Business Engineerings (vgl. Bild 1./1), also so, wie sie als Ergebnis der Strategie-, der Prozeß- und der IS-Entwicklung entstanden ist. Die Ebenen reflektieren grob das Vorgehen in den Projekten und erleichtern somit das Verständnis der Zusammenhänge.

> Eine *Ebene des Business Engineerings* bezeichnet eine bestimmte Detaillierung und bestimmte Inhalte des Entwurfs.

Ein Projekt bearbeitet gewöhnlich eine bestimmte Ebene (vgl. Band 1, Punkt 1.3.2.) und konzentriert sich auf wenige Dimensionen. Die UNTEL hat beispielsweise im Projekt "UNTEL 2000" (vgl. Kapitel 2.) auf der Ebene Strategie u. a. die Dimensionen Organisation, Funktionen, Daten, Personal, Technologie, Finanz und Märkte geplant. Im Projekt "Reorganisation Verkauf UNTEL" gestaltet sie die Ebene Prozeß, wobei die Dimensionen Organisation, Funktionen und Daten im Mittelpunkt stehen. Das bedeutet nicht, daß die übrigen Dimensionen nicht relevant sind. So müssen ein Qualifikationsprogramm für die Vertreter oder eine Finanzplanung die Reorganisation begleiten. Der Projektfokus liegt aber auf den drei Dimensionen Organisation, Funktionen und Daten. Das Projekt "Verkaufs-IS" beschränkt sich auf die Ebene Informationssystem. Zusätzlich zur Organisation sowie zu den Funktionen und Daten muß es die Informationstechnik berücksichtigen, überläßt aber die Planung und den Aufbau der informationstechnischen Infrastruktur einem speziellen (Teil-)Projekt.

## 1.1. Ebenen des Business Engineerings

Bild 1.1./1 greift aus dem umfassenden Beispiel der UNTEL einige wenige Aussagen des Entwurfs heraus. Es soll beispielhaft veranschaulichen, was Gegenstand der Ebenen und Dimensionen ist. Es soll darüber hinaus Beziehungen zwischen Aussagen auf derselben Ebene (dünne, schwarze Kanten) und Beziehungen zwischen den Ebenen (dicke, graue Kanten) verdeutlichen. Beziehungen auf derselben Ebene besagen beispielsweise, daß die "Regionale Leitung Verkauf & Beratung" die Aufgabe "Auftrag genehmigen" hat, dafür die Transaktion "Kundenadresse suchen/anzeigen" einsetzt und in dieser Transaktion auf den Entitätstyp Kunde zugreift. Beziehungen zwischen den Ebenen sind etwa die Aussagen, daß die Applikation Auftragsverwaltung die Transaktion "Auftrag modifizieren" beinhaltet und zum Aufrufen dieser Transaktion ein Menü "Bestandspflege (Aufträge)" existiert.

## 1.1. Ebenen des Business Engineerings

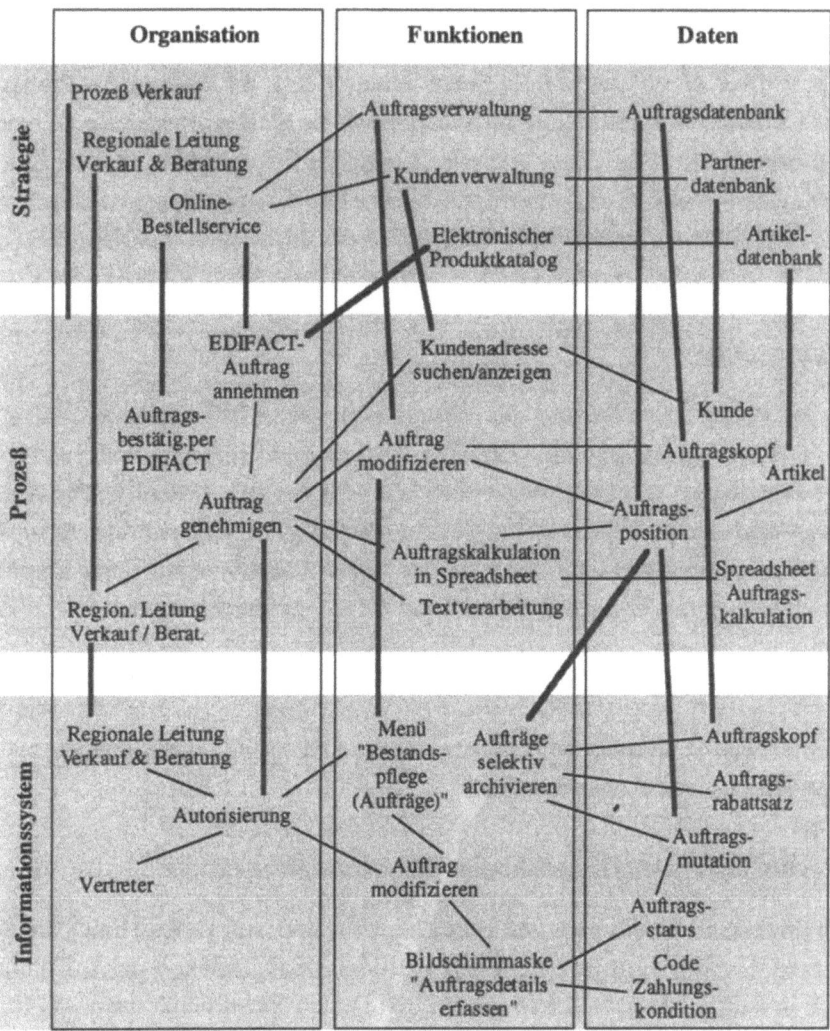

Bild 1.1./1: *Beispiele für Entwurfsaussagen nach Ebenen und Dimensionen*

### 1.1.1. Strategie

Die *Ebene Strategie* dokumentiert die Position des Unternehmens im Markt und die daraus abgeleiteten Schlüsselentscheidungen für das Unternehmen und seine Geschäftsfelder.

**Organisation**

Die UNTEL beschließt in ihrer neuen Strategie u. a. die Bildung des Prozesses Verkauf sowie die Regionalisierung durch die Stellen "Regionale Leitung Verkauf & Beratung". Eine weitere strategische Entscheidung ist, den Kunden einen Online-Bestellservice anzubieten. Die drei Festlegungen betreffen die Organisation, im ersten Fall einen Prozeß, im zweiten Fall die Struktur und im dritten Fall den Ablauf (bzw. die damit verbundene Prozeßleistung).

**Funktionen**

In der strategischen Planung des Informationssystems ist festgehalten, daß eine Auftragsverwaltung, eine Kundenverwaltung und ein Elektronischer Produktkatalog als Applikationen entwickelt oder zugekauft werden. Die Auftrags- und die Kundenverwaltung sind notwendig, um einen Online-Bestellservice zu realisieren. Der Elektronische Produktkatalog ist zur Verbesserung der Beratung der Kunden in die IS-Strategie aufgenommen worden.

**Daten**

Die beiden Applikationen bedingen auf der Datenseite eine Auftrags-, eine Partner- und eine Artikeldatenbank.

**Verbindung der Dimensionen des Strategieentwurfs**

Organisation, Funktionen und Daten sind nur drei von vielen Dimensionen einer Geschäftsstrategie (vgl. Band 1, Bild 2.3.5./1., sowie Band 2, Kapitel 2.). In Bild 1.1./1 bzw. 1.2./1 nehmen die Dimensionen Funktionen und Daten viel Raum ein. Einerseits wollen wir damit die Durchgängigkeit der drei Ebenen betonen, also Organisation, Funktionen und Daten auf den drei Ebenen Strategie, Prozeß und Informationssystem darstellen können, andererseits fokussiert das Business Engineering auf diese Dimensionen.

Im Gegensatz zu dieser Sichtweise vernachlässigen Theorie und Praxis der Strategieentwicklung die Dimensionen Funktionen und Daten, nutzen daher die Potentiale der Informationstechnik nicht ausreichend und verringern die Umsetzungschancen der Strategie.

Das Business Engineering erschließt für die Strategie die Potentiale der Informationstechnik und konzentriert sich dazu auf die Dimensionen Organisation, Daten und Funktionen.

### 1.1.2. Prozeß

Die *Ebene Prozeß* leitet aus der Strategie die Leistungen, den Ablauf, die Computerunterstützung und die Führungsmittel ab und detailliert die Organisationsstruktur. Der Schwerpunkt liegt auf der organisatorischen Sicht (Prozeß).

**Organisation**

Die Strategieebene legt den Prozeß fest, die Prozeßebene entwirft ihn im Detail. Aus der Prozeßleistung Online-Bestellservice leitet die Prozeßentwicklung den Teilprozeß "EDIFACT-Auftrag annehmen", die darin enthaltene Aufgabe "Auftrag genehmigen" sowie die Teilprozeßleistung "Auftragsbestätigung per EDIFACT" ab. Die Aufgabe "Auftrag genehmigen" liegt in bestimmten Fällen in der Kompetenz der organisatorischen Einheit "Regionale Leitung Verkauf & Beratung". Die Prozeßebene verfeinert und ergänzt also organisatorische Entscheidungen der Strategieebene.

**Funktionen**

Die Aufgabe "Auftrag genehmigen" braucht die Transaktionen "Kundenadresse suchen/anzeigen", "Auftrag modifizieren" sowie die Applikation Spreadsheet mit dem Template Auftragskalkulation und die Applikation Textverarbeitung (vgl. Band 1, Bild 2.6.2./1).

**Daten**

Für diese Transaktionen werden auf der Ebene Prozeß die Entitätstypen Artikel usw. festgelegt.

## 1. Grundlagen einer Methode des Business Engineerings

**Verbindung der Dimensionen des Prozeßentwurfs**

Um den Ablauf "EDIFACT Auftrag annehmen" so zu realisieren, wie er in Band 1, Bild 2.6.2./1, spezifiziert ist, benötigt die UNTEL die genannten Transaktionen und Applikationen und diese wiederum die damit verbundenen Daten. Sind diese Komponenten des Informationssystems - beispielsweise aus Kostengründen - nicht machbar, ist auch der Ablauf nicht realisierbar. Dagegen können neue informationstechnische Lösungen wie z. B. ein zugekauftes Expertensystem zur Bonitätsbeurteilung von Kunden oder ein Workflow-Managementsystem zusätzliche Impulse für die Abläufe geben.

> Die *Prozeßentwicklung* entwirft die organisatorische Lösung und die dafür benötigten informationstechnischen Hilfsmittel (Computerfunktionen). Auf der Ebene Prozeß steht die Organisation grundsätzlich im Vordergrund, doch hängen die Dimensionen Organisation, Funktionen und Daten so eng zusammen, daß sie gemeinsam zu entwerfen sind.

Bisher gingen wir von der Neuentwicklung des Informationssystems aus. Setzt man dagegen bereits im Unternehmen existierende oder vom Markt zugekaufte (Standard-)Software ein, so sind die Transaktionen und ihre Daten vorgegeben. Dies verändert die Vorgehensweise in der Prozeßentwicklung:

> Geht die Prozeßentwicklung von einer Neuentwicklung der Software aus, definiert sie die Aufgaben und Abläufe und leitet daraus die Transaktionen und Daten ab. Baut die Prozeßentwicklung auf vorhandener Software auf, geht die Organisation von den bestehenden Transaktionen und Daten aus [s. IMG 1994b]. Dies gilt unabhängig davon, ob die vorhandene Software zugekauft (z. B. Standard-Anwendungssoftware) oder selbst entwickelt ist.

### 1.1.3. Informationssystem

> Die *Ebene Informationssystem* konkretisiert den Prozeßentwurf; sie liefert die Vorgabe für die organisatorische und die informationstechnische Implementierung. Der Schwerpunkt liegt auf den Dimensionen Funktionen und Daten (Informationssystem).

## Organisation

Die Stellen "Regionale Leitung Verkauf & Beratung" und Vertreter erhalten Autorisierungen für die benötigten Transaktionen (aus Platzgründen in Bild 1.1./1 nur teilweise eingetragen).

## Funktionen

Die Transaktionen der Prozeßebene werden verfeinert und etwa um "Aufträge selektiv archivieren" ergänzt. Außerdem kommt beispielsweise die Bildschirmmaske "Auftragsdetails erfassen" dazu.

## Daten

In gleicher Weise verfeinert und ergänzt die Ebene Informationssystem die Datenseite. Sie spezifiziert z. B. die Attribute Auftragsrabattsatz, Auftragsstatus und die Codetabelle Zahlungskondition.

## Verbindung der Dimensionen des IS-Entwurfs

Auf der Ebene Informationssystem sind die Aussagen des Entwurfs so eng miteinander verknüpft, daß die Ergebnisse kaum noch einzelnen Dimensionen zuzuordnen sind. So verbindet die Autorisierung organisatorische Einheiten mit Transaktionen und Daten, die Benutzerschnittstelle verknüpft Daten (in den Bildschirmmasken), faßt Transaktionen in den Menüs zusammen und entwickelt spezielle Varianten für spezielle organisatorische Einheiten.

### 1.1.4. Verbindung der Ebenen des Business Engineerings

Bild 1.1./1 zeigt an einigen Beispielen mit dicken, grauen Kanten die Verbindungen zwischen Entwurfsaussagen verschiedener Ebenen. Aus der Entscheidung, einen Prozeß Verkauf zu bilden, resultiert die Entwicklung des Prozesses. Aus der Regionalisierung ergeben sich abgestufte Abläufe bei der Genehmigung von Konditionsabweichungen in Aufträgen von Kunden. Wenn sich die UNTEL für einen Online-Bestellservice entschieden hat, muß sie einen Teilprozeß für die Annahme von EDIFACT-Aufträgen bilden. Eine Voraussetzung bzw. Erleichterung dafür ist die Applikation "Elektronischer Produktkatalog".

8   1. Grundlagen einer Methode des Business Engineerings

Wir haben nur ein paar Beispiele für Zusammenhänge zwischen den Ebenen eingezeichnet. Viele weitere wären bereits für diesen kleinen Ausschnitt aus der Dokumentation möglich. Teilweise haben wir einzelne Entwurfsaussagen (z. B. "Auftrag modifizieren") auf den tieferen Ebenen wiederholt, um die Beziehung zu anderen Aussagen besser darstellen zu können.

Man ist geneigt, die Kanten von oben nach unten mit einem Pfeil zu versehen. Wir haben darauf verzichtet, um die gegenseitigen Wechselwirkungen zwischen den Ebenen hervorzuheben. Nehmen wir beispielsweise an, die Kosten zur Entwicklung der Transaktionen, die der Teilprozeß "EDIFACT Auftrag annehmen" benötigt, seien so hoch, daß die Geschäftsleitung vorerst aus Gründen der Wirtschaftlichkeit darauf verzichtet, so entfällt auch die Dienstleistung Online-Bestellservice der UNTEL.

> Zwischen den Ebenen des Business Engineerings bestehen intensive Beziehungen in beide Richtungen. Es handelt sich um Verfeinerungen, Ergänzungen und Rückwirkungen.

Die Beziehungen zwischen den Ebenen illustrieren die Umsetzung strategischer Entscheidungen bis auf die operative Ebene, die in Band 1, Punkt 1.3.1., gefordert wird. Sie können aber auch Innovationen darstellen, die im operativen Geschäft entstehen und bis in die Strategie wirken.

Um das Beispiel in diesem Band nicht zu sehr durch Redundanz zu belasten, haben wir Dokumente, die sich von Ebene zu Ebene wenig unterscheiden, nur an einer Stelle aufgenommen.

## 1.2. Metamodell des Business Engineerings

Das Beispiel aus Bild 1.1./1 zeigt nur eine winzige Auswahl von Entwurfsaussagen und Beziehungen zwischen diesen. Es läßt erahnen, wieviele Entwurfsaussagen in der Realität notwendig sind und wieviele Verbindungen zwischen diesen bestehen [vgl. dazu auch Picot/Maier 1993].

Bild 1.2./1 verallgemeinert die Inhalte von Ebenen und Dimensionen. Es nennt die Objekte, die als Ergebnisse der Techniken entstehen, und beschreibt sie in einer vereinfachten Form des ER-Diagrammes. Die Schleifen bei den Objekten "Organisatorische Einheit" und "Aufgabe" symbolisieren eine Hierarchie (direkte Rekursion, vgl. Band 1, Bild 3.3./17) dieser Objekte. Die dikken, grauen Kanten in Bild 1.2./1 stellen die Beziehungen zwischen gleichen Objekten der verschiedenen Ebenen her.

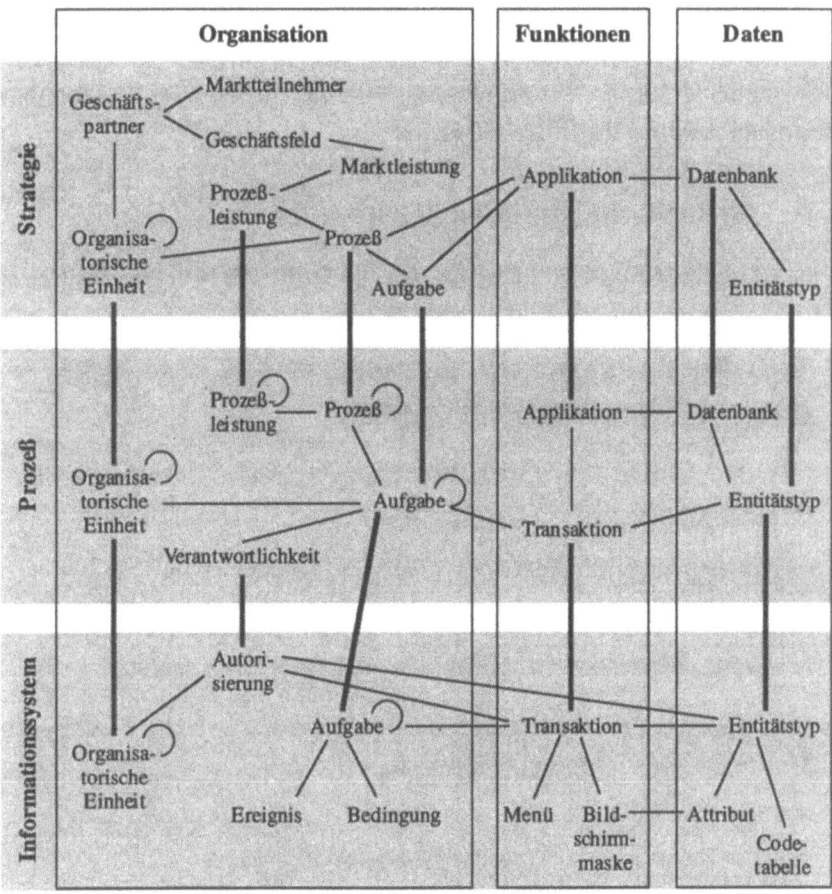

*Bild 1.2./1: Vereinfachtes Metamodell des Business Engineerings*

Das ER-Diagramm in Bild 1.2./1 ist ein rudimentäres Datenmodell des Business Engineerings. Wir betrachten also das Business Engineering selbst als einen Prozeß, der Prozesse (inkl. Strategie und Informationssystem) entwickelt. Man bezeichnet es daher als Metaprozeß, das Datenmodell des Business Engineerings als Meta(daten)modell.

Ein *Metamodell* beschreibt die Bestandteile (Daten) von Entwurfstechniken und die Beziehungen zwischen ihnen.

10    1. Grundlagen einer Methode des Business Engineerings

Das Metamodell in Bild 1.2./1 beschreibt die Objekte des Business Engineerings auf den Ebenen Strategie, Prozeß und Informationssystem in den Dimensionen Organisation, Funktionen und Daten. Es wiederholt pro Ebene jene Objekte, welche diese von der übergeordneten Ebene übernimmt und verfeinert. Für Lehrzwecke beschränkt es sich auf die wichtigsten Objekte und verzichtet auf die Prozeßführung. Für eine vollständige Beschreibung des Metamodells siehe [IMG 1994a].

## 1.3. Methode des Business Engineerings

Eine Methode gibt die Reihenfolge vor, in der die Entwurfsergebnisse des Metamodells zu entwickeln sind. Sie bestimmt beispielsweise,

- daß zu Beginn eines Projektes zur Prozeßentwicklung eine Aktivität "Prozeßvision, erste Version erstellen" abläuft,

- daß das Ergebnis dieser Aktivität die Dokumente Sektornetzwerk und Ideensammlung sind,

- daß die Dokumente mittels der Technik Prozeßvision erstellt werden,

- daß diese Aktivität das Dokument IT-Landkarte aus einer Aktivität "IT-Landkarte dokumentieren" übernimmt, also nach dieser abläuft,

- daß sich diese Aktivität mit den Objekten Marktteilnehmer, Prozeß, Aufgabe, Prozeßleistung usw. beschäftigt,

- daß die vom Prozeß betroffenen Linienmanager die Führungsgrößen des Prozesses vereinbaren (Rolle der Projektbeteiligten),

- daß ein eintägiger Metaplan-Workshop stattfindet (Teilaktivität) und daß zur Dokumentation der Ergebnisse ein Tabellenkalkulations-, ein Textverarbeitungs- und ein Grafiksystem benutzt werden.

## 1.3. Methode des Business Engineerings

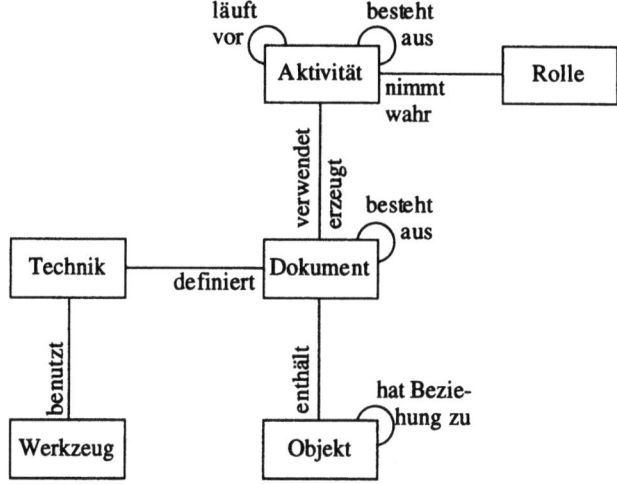

Bild 1.3./1: Metadatenmodell einer Methode

Eine Methode umfaßt im Sinne des Method Engineerings folgende Komponenten (vgl. Bild 1.3./1) [vgl. Gutzwiller 1994, S. 11 ff.]:

- Aktivitäten (entsprechen im Prozeßmodell den Aufgaben)
  Beispiele: "Prozeßvision, erste Version erstellen", "Datenmodell um Historisierung erweitern"

- Vorgehen (Ablauf) als Folge von Aktivitäten
  Beispiele: Die Aktivität "IT-Landkarte dokumentieren" läuft vor der Aktivität "Prozeßvision, erste Version erstellen", die vor der Aktivität "Bestehende Leistungen erheben" läuft. Die Aktivität "Bestehende Leistungen erheben" läuft neben der Aktivität "Kundenwünsche in Befragung erheben".

- Dokumente (im Prozeßmodell: Formulare und Bildschirmmasken) als Ergebnisse von Aktivitäten, erstellt nach den Regeln von Techniken
  Beispiele: Sektornetzwerk, ER-Diagramm

- Techniken zum Entwickeln von Lösungen und damit zum Erstellen von Dokumenten
  Beispiele: Prozeßvision, Historisierung von Daten

- Metamodell (Datenmodell) mit den Objekten und Beziehungen zwischen diesen
  Beispiele: Aufgaben, Entitätstypen, "Aufgabe modifiziert Entitätstyp"

1. Grundlagen einer Methode des Business Engineerings

- Rollen (Verantwortlichkeit einer organisatorischen Einheit), die Mitarbeiter in der Prozeßentwicklung wahrnehmen
  Beispiele: Prozeßmanager, Informatiker, Fachvertreter (z. B. Vertreter)

- Werkzeuge (Applikationen und Transaktionen) zur Unterstützung von Techniken
  Beispiele: Metaplanworkshop, Grafikeditor zur Manipulation von Aufgabenketten

Projekte des Business Engineerings sind äußerst komplex. Eine Methode hat die Aufgabe, ein Projekt in überschaubare Aktivitäten zu zerlegen. Eine Methode des Business Engineerings differenziert zunächst Projekte nach den Ebenen Strategie, Prozeß und Informationssystem, konzentriert diese auf die Dimensionen Organisation, Daten und Funktionen und zerlegt die Projekte in Aktivitäten und Arbeitsschritte (gemäß Techniken). Eine Methode gliedert ein Projekt außerdem in Teilprojekte für Teilprozesse. Sie sorgt aber nicht nur für die Zerlegung in kleine Arbeitsschritte, sondern auch für das Zusammenspiel der Teile, also die Verbindung der Aktivitäten. Eine Methode regelt damit auch das Projektmanagement.

Eine *Methode* zerlegt ein Projekt in überschaubare Aktivitäten, bestimmt Techniken, Werkzeuge und Rollen und definiert die Ergebnisse.

Eine Methode des Business Engineerings liefert die operativen Details für Praxisprojekte zum Prozeßentwurf (bzw. zur permanenten Weiterentwicklung). Derartige Methoden sind nicht Gegenstand von Lehrbüchern, sondern von Handbüchern und Entwicklungswerkzeugen [vgl. z. B. IMG 1994a].

# 2. Geschäftsstrategie

Die UNTEL Schweiz AG (im folgenden kurz UNTEL genannt) ist die Schweizer Vertriebsgesellschaft des Elektronikkonzerns UNTEL International. Sie vertreibt Geräte der Unterhaltungselektronik an Einzelhändler und Großabnehmer und beschafft diese Geräte vorwiegend von den Produktionsgesellschaften der UNTEL International. Im Rahmen des konzernweiten Projektes "UNTEL 2000" hat die UNTEL ihre Strategie (vgl. Bild 2./1) überarbeitet.

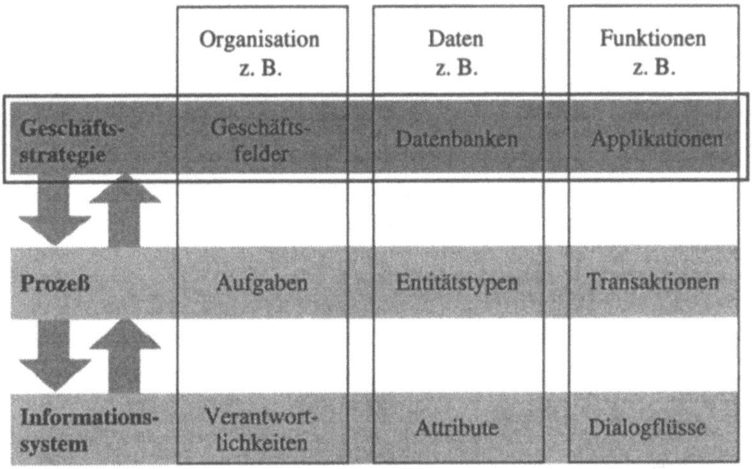

|  | Organisation z. B. | Daten z. B. | Funktionen z. B. |
|---|---|---|---|
| Geschäftsstrategie | Geschäftsfelder | Datenbanken | Applikationen |
| Prozeß | Aufgaben | Entitätstypen | Transaktionen |
| Informationssystem | Verantwortlichkeiten | Attribute | Dialogflüsse |

*Bild 2./1: Geschäftsstrategie als Ebene des Business Engineerings*

Die *Ebene Geschäftsstrategie* dokumentiert die Position des Unternehmens im Markt und die daraus abgeleiteten Schlüsselentscheidungen für das Unternehmen und seine Geschäftsfelder.

Die folgenden Ausführungen zeigen Ausschnitte aus dem von der UNTEL verabschiedeten Konzept, das die Marschrichtung für die nächsten fünf Jahre vorgibt.

## 2.1. Leitbild

**Consumer Electronics**

Der unternehmerische Zweck der UNTEL ist die Versorgung privater Haushalte in der Schweiz mit Produkten der Unterhaltungs- und Haushaltselektronik (Consumer Electronics). Die UNTEL stellt qualitativ hochstehende und zuverlässige Produkte für den Haushalt bereit, die es ermöglichen, die Hausarbeit zu vereinfachen, den Komfort zu erhöhen und die Freizeit besser zu gestalten.

**Informationstechnologie**

Das Geschäft der UNTEL basiert auf innovativen, technologisch hochwertigen Produkten der Unterhaltungselektronik und der damit verbundenen digitalen Informations- und Kommunikations-Technik.

**Konzentration auf Kundenlösungen**

Die UNTEL will Bedürfnisse des Kunden erkennen und mit eigenen und fremden Produkten befriedigen. Ihre Leistung sind komplette Lösungen für die Konsumenten und kompetente Beratung für die Detailhändler.

**Branchenführer**

Die UNTEL will ihre Stellung als Branchenführer ausbauen.

## 2.2. Strategische Stoßrichtung

Die UNTEL will sich durch Kompetenz und Qualität von der Konkurrenz abheben und dadurch einen Preisbonus realisieren. Im Gegensatz dazu setzen die wichtigen Konkurrenten MITECH und NEUTREL auf eine Wettbewerbsargumentation über den Preis. Sie arbeiten nach dem Motto "schnell und billig", während die UNTEL mit "wertvoll und kompetent" überzeugen will. Folgende Vorhaben bestimmen die Strategie:

**Handelsgesellschaft**

Die UNTEL soll sich von der regionalen Verkaufsorganisation eines großen Herstellers zu einer Handelsgesellschaft mit Produkten beliebiger Hersteller entwickeln. Ein besonderes Gewicht legt sie auf die Verbindung einzelner Komponenten zu Gesamtlösungen.

**Effizienter Verkauf**

Der Verkauf soll die Händler intensiv betreuen. Ein neues Verkaufs-Informationssystem (Verkaufs-IS) soll das Verkaufspersonal von administrativen Aufgaben entlasten und die Infrastruktur einer Handelsgesellschaft aufbauen.

**Leistungsfähige Beratung**

Ausbildung und Computerunterstützung sollen den Kunden, d. h. den Detailhändlern, eine hochwertige Beratung bei der Sortimentsgestaltung, bei der Betreuung der Konsumenten, bei der Warenwirtschaft und beim Aufbau integrierter Kundenlösungen sichern.

**Kundenorientierte Führung**

Die gesamte Organisation soll sich auf die Kunden (Händler) ausrichten. Die Führung soll sich an kundenbezogenen Leistungsmerkmalen orientieren.

**Effiziente Logistik**

Eine Produktsegmentierung und die elektronische Anbindung der Kunden sollen die Logistik schnell, sicher und kostengünstig machen. Als weiterer Schritt ist an eine Auslagerung der Logistik gemeinsam mit zwei befreundeten Unternehmen gedacht.

## 2.3. Markt

Die UNTEL hat die Entwicklungstendenzen der Branche für die nächsten Jahre analysiert, Aktionsmöglichkeiten sondiert und die wichtigsten Ergebnisse in einem Feedback-Diagramm zusammengefaßt (vgl. Bild 2.3./1).

## 16   2. Geschäftsstrategie

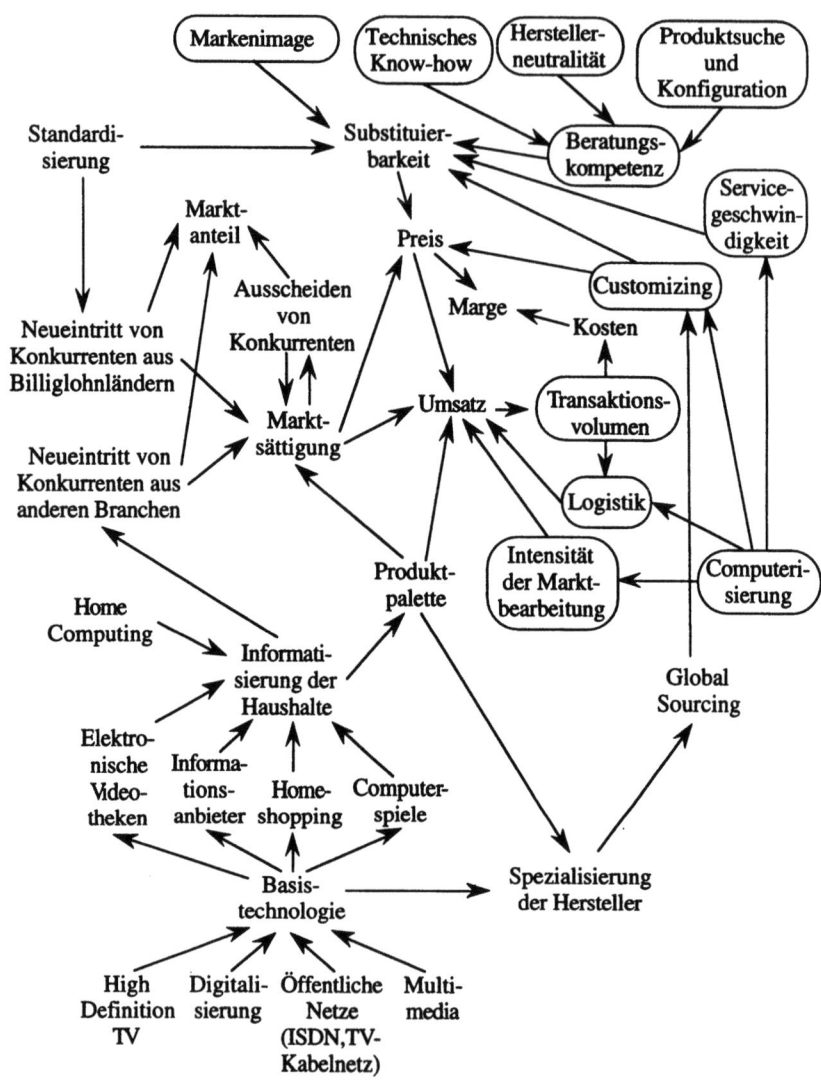

Vereinfachtes Feedback-Diagramm nach [Gomez 1993]:

Faktor         nicht beeinflußbare Größe
(Faktor)       durch UNTEL beeinflußbare Größe
→              beeinflußt

*Bild 2.3./1: Entwicklungen und Aktionsmöglichkeiten*

## 2.3.1. Chancen und Gefahren

Die UNTEL leitet für ihr Geschäft folgende Chancen und Gefahren ab:

**Marktsättigung bei konventionellen Produkten**

Der Markt für Unterhaltungselektronik und Computing hat sich in den letzten zwanzig Jahren dynamisch entwickelt. Mittlerweile ist in der Schweiz der Markt auf den Gebieten Video, Audio und Home Computing weitgehend gesättigt (vgl. z. B. Bild 2.3.1./1).

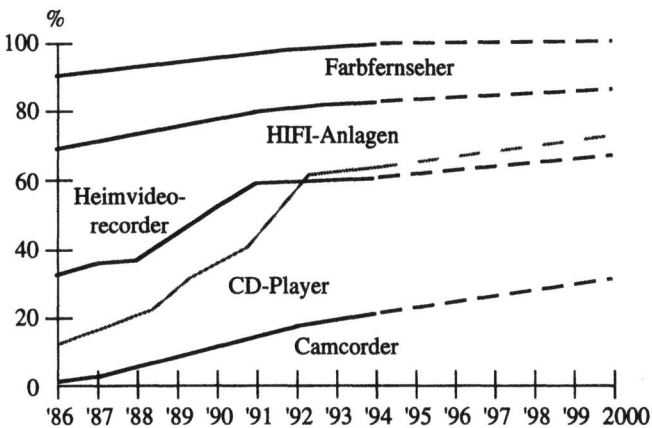

*Bild 2.3.1./1: Sättigungsgrade des Unterhaltungselektronikmarktes Schweiz [vgl. Bahnmüller 1993, S. 29]*

**Preiskampf und Verdrängungswettbewerb**

Zumindest bis 1995 ist bei den meisten Produkten der UNTEL ein verschärfter Preiskampf zu erwarten. Einerseits werden die Produkte der Unterhaltungselektronik und des Computings aus Sicht der Konsumenten immer austauschbarer, und andererseits treten immer neue Anbieter aus Billiglohnländern in den Markt ein. Bei einem stagnierenden Markt bedeutet dies einen Verdrängungswettbewerb. Die UNTEL rechnet mit enger werdenden Margen und Druck auf die Kosten. Aus der Verdrängung von Wettbewerbern eröffnet sich allerdings auch die Chance zur Erhöhung des Marktanteils.

18   2. Geschäftsstrategie

**Marktwachstum durch neue Produkte**

Neue Produkte - vorwiegend auf Basis digitaler Komponenten - werden in der zweiten Hälfte der neunziger Jahre einen ähnlichen Marktschub auslösen, wie dies die analoge Unterhaltungselektronik in den siebziger Jahren getan hat.

- Die Digitaltechnik wird die heute vorherrschende Analogtechnik im Audio- und Videobereich ersetzen. Ein wichtiger Baustein ist beispielsweise die Datenkompression nach dem Standard MPEG-2.

- Die Multimedia-Technik macht die Audio- und Videowelt zu einem interaktiven Medium mit vielen neuen Anwendungsgebieten (vor allem aber Spiele) und erweitert das Computing um Sprache und Bewegtbilder.

- Leistungsfähige Netzwerke (ISDN, Breitband-ISDN, Radio- und Fernsehkabelnetz) werden diese Techniken um die Kommunikationsfähigkeit erweitern.

- Die Verbindung von Unterhaltungselektronik, Computing und Kommunikation für Haushalte eröffnet viele neue Anwendungen. Online-Informationsdienste (z. B. Lexika), elektronische Märkte, elektronischer Einkauf, neue Kommunikationsformen und multimediale Anwendungen sind Beispiele dafür.

**Substitution**

Die Standardisierung von Produkten und insbesondere Schnittstellen sowie das Eintreten neuer Anbieter (z. B. Hersteller von Software für Personal Computer) in das Marktsegment bergen die Gefahr in sich, daß konventionelle Produkte von Produkten aus anderen Bereichen ersetzt werden. So könnte beispielsweise ein "fernsehfähiger" Personal Computer den Markteintritt von PC-Herstellern mit sich bringen.

**Service und Beratung**

Die technischen Konzepte hinter den neuen Produkten werden die Detailhändler vielfach überfordern. Sie benötigen maßgeschneiderte Lösungen und Konfigurationshilfen für ihre spezifischen Marktsegmente sowie Beratung in der Marktbearbeitung. Die UNTEL sieht eine Chance, sich durch diese Leistungen von den Mitbewerbern abzuheben.

**Global Sourcing**

Die künftigen Produkte und Anwendungen der Informationstechnik im Haushalt gehen weit über die Angebotspalette heutiger Produzenten von Unterhaltungselektronik hinaus. Mehrere auf Teilgebiete spezialisierte Hersteller werden Komponenten anbieten. Eine Leistung der UNTEL wird es sein, ein breites Spektrum von Komponenten von unterschiedlichen Lieferanten aus unterschiedlichen Ländern auszuwählen und für die Kunden zu Lösungen zu verbinden.

**Geschwindigkeit**

Die Geschwindigkeit in der Beratung, Offertstellung, Lieferung und Wartung wird in einem zunehmend engen Markt an Bedeutung gewinnen. Die Firmen MITECH und NEUTREL bieten neuerdings einen interaktiven Bestellservice für Händler an, durch den ein Händler einen Auftrag am Bildschirm eingeben kann und die Auftragsausführung sofort bestätigt wird.

### 2.3.2. Wettbewerb

Bild 2.3.2./1 gibt einen Überblick über das Marktsegment "Private Haushalte in der Schweiz" für Produkte der Unterhaltungselektronik und des Home Computings.

| Anbieter | Marktanteil 1994 (in %) | Umsatz 1994 hochgerechnet (in Mio. CHF) | ø Umsatzsteigerung der letzten 3 Jahre (in %) | ø Rentabilität in den letzten 3 Jahren |
|---|---|---|---|---|
| UNTEL | 30 | 70 | + 3 | gut |
| MITECH | 23 | 54 | + 2 | gut |
| UNIO | 20 | 46 | - 8 | schlecht |
| NEUTREL | 10 | 23 | + 2 | schlecht |
| TECHTEL | 5 | 12 | - 4 | gut |
| INTERTECH | 3 | 7 | - 1 | schlecht |
| Sonstige | 9 | 21 | + 0.5 | - |
| Gesamtmarkt | 100 | 233 | + 0.2 | schlecht |

*Bild 2.3.2./1: Konkurrentenanalyse*

## 2.3.3. Stärken und Schwächen

Die UNTEL besitzt im Vergleich zu ihren wichtigsten Konkurrenten die folgenden Stärken und Schwächen.

### Stärken

- *Marktanteil und Finanzkraft*
  Die UNTEL kann ihre Fixkosten auf ein - verglichen zu den Wettbewerbern - großes Transaktionsvolumen umlegen.

- *Landesweites Vertriebsnetz mit engen Händlerkontakten, Loyalität der Händler*

- *Markenimage der UNTEL*

- *Marktforschungs-Datenbank*
  Die UNTEL besitzt als einziger Branchenteilnehmer eine Datenbank, die sowohl Informationen über die eigene Absatzentwicklung als auch über wichtige Produkt- und Markttrends enthält. Letztere erhebt ein Marktforschungsinstitut, das jährlich von der UNTEL dazu beauftragt wird.

- *Produktinformations-Datenbank*
  Die UNTEL kann ihre bereits elektronisch verfügbaren Produktinformationen zu einer auch für Kunden zugänglichen Produktinformations-Datenbank ausbauen.

- *Technisches Know-how*
  Die UNTEL hat aufgrund ihrer Marktstellung (oberes Preissegment, Marktführerschaft) in der Vergangenheit überdurchschnittliches technisches Know-how aufgebaut.

### Schwächen

- *Kosten*
  Veraltete Abläufe, vor allem im Backoffice-Bereich (Kunden- und Auftragsverwaltung), erzeugen zu hohe Kosten.

- *Einkaufspreise*
  Die UNTEL kann bei ihren eigenen Produkten mit Herstellern aus Billiglohnländern preislich nicht mithalten.

- *Herstellerabhängigkeit*
  Die Detailhändler erwarten eine objektive Beratung eher von neutralen Anbietern (ohne Herstellerbindung).

- *Unternehmenskultur*
  Die UNTEL sieht sich eher als "Verteiler" und nicht als "Verkäufer" oder "Berater". Zudem ist in Anbetracht der Erfolge der vergangenen Jahre die Bereitschaft zu Veränderungen gering.

## 2.4. Geschäftspartner (Soll)

### 2.4.1. Lieferanten

**UNTEL-Gesellschaften**

Die UNTEL bezieht die UNTEL-Produkte direkt von den Werken des UNTEL-Konzerns. Sie kann in Ausnahmefällen auf die anderen europäischen Vertriebsgesellschaften des UNTEL-Konzerns ausweichen. Diese Landesgesellschaften operieren grundsätzlich selbständig. Im Rahmen der UNTEL-weiten Logistik helfen sie aber mit, Lieferengpässe durch Lieferungen zwischen den Vertriebsgesellschaften zu überbrücken.

**Mengengerüst**

| Lieferant | Anzahl | Anteil am Beschaffungsvolumen |
|---|---|---|
| Werke (Produktionsstätten) des UNTEL-Konzerns | 23 | 46 % |
| Zentrallager anderer europäischer Vertriebsgesellschaften | 6 | 14 % |
| Andere Hersteller (Zu- bzw. Drittlieferanten) | 150 | 40 % |
| Bewegungen pro Jahr (d. h. Aufnahme und Löschungen von Lieferanten) | 20 | |

*Bild 2.4.1./1: Mengengerüst der Lieferanten*

**Zulieferanten**

Bei der Selektion von Lieferanten spielen deren Zuverlässigkeit, Liefergeschwindigkeit sowie die Kommunikationsmöglichkeiten mit ihnen die entscheidende Rolle. In der auftragsbasierten Beschaffung und Lieferung (vgl. Punkt 2.5.5.) müssen die Zulieferanten innerhalb von 14 Tagen ab Eingang der Bestellung bei der UNTEL die Ware beim UNTEL-Kunden abliefern.

### 2.4.2. Kunden

Die Kunden der UNTEL sind die Detailhändler. Diese besorgen die Vermittlung und Verteilung der Marktleistungen. Die Grundlage für die Gestaltung von Kundenbeziehungen sind standardisierte Rahmenverträge. Sie legen die Konditionen fest, auf deren Basis die UNTEL die Aufträge abwickelt.

**Mengengerüst**

| Kunde | Anzahl | Umsatzanteil |
|---|---|---|
| Fachgeschäfte | 430 | 45 % |
| Discountgeschäfte | 260 | 30 % |
| Kaufhäuser | 15 | 15 % |
| Versandhändler | 7 | 10 % |
| Bewegungen pro Jahr (d. h. Aufnahme und Löschungen von Kunden) | 50 | |

*Bild 2.4.2./1: Mengengerüst der Kunden*

### 2.4.3. Strategische Allianzen

Die Geschäftsleitung überlegt, zusammen mit zwei befreundeten, nicht konkurrierenden Unternehmen die Logistik in eine gemeinsame Tochtergesellschaft auszulagern. Zur Diskussion stehen die Lagerhaltung, das Bestellwesen zwischen der UNTEL und den anderen UNTEL-Konzern-Gesellschaften, die Kommissionierung sowie der Versand.

### 2.5. Marktleistungen (Soll)

Gemäß der Stoßrichtung der Strategie will die UNTEL ihr Sortiment der Produkte und vor allem der Dienstleistungen ausweiten. Das nachfolgende Sortiment (vgl. die Punkte 2.5.1. und 2.5.2.) ist der Sollzustand im Jahr 2000.

## Umsatz nach Marktleistungen

Der Ist-Umsatz der UNTEL beläuft sich 1994 auf 70 Mio. CHF. Bild 2.5./1 gliedert diesen Umsatz prozentual nach Marktleistungen auf.

| Sortiment | 100 % | | |
|---|---|---|---|
| Produkte | 95.5 % | | |
| Unterhaltungselektronik | | 80 % | |
| Audio | | | 30 % |
| Video | | | 70 % |
| Computing | | 20 % | |
| Hardware | | | 85 % |
| Software | | | 15 % |
| Dienstleistungen | 4.5 % | | |

*Bild 2.5./1: Umsatz nach Marktleistungen*

Die UNTEL will bis 1997 den Anteil der Dienstleistungen am Gesamtumsatz auf 6 % steigern. Wachstumspotentiale liegen beim Betreiben von Warenwirtschaftssystemen für Kunden.

## Marken

Die UNTEL beliefert Fachgeschäfte, Discountgeschäfte, Kaufhäuser und Versandhändler sowohl unter der UNTEL-Marke als auch unter Fremdmarken. Die Detailhändler verlangen von der UNTEL, daß sie die Endverbraucher (die privaten Haushalte) nicht direkt beliefert.

### 2.5.1. Produkte

**Sortiment nach Artikelgruppen**

Bild 2.5.1./1 gibt einen Überblick über das Sortiment der UNTEL nach Artikelgruppen. Zu einzelnen Artikelgruppen sind Beispiele für Artikel angegeben.

Sortiment UNTEL
   Unterhaltungselektronik
      Audio
         Empfänger
         Verstärker
         Kassetten-Recorder
            *UNTEL Highlife 3000*
            *NONAME Slimlife 30*
            ...
         CD-Player
         Lautsprecher
      Video
         Farbfernseher
         VHS-Kamera
         Camcorder
         VHS-Recorder
      Multimedia
      Kommunikation
      Zubehör
   Computing
      Hardware
         Workstation
            INTEL-inside-basierte Maschinen
            Motorola-basierte Maschinen
            RISC-basierte Maschinen
         Portable
            Laptop
            Notebook
               *Macintosh PowerBook 170*
               ....
            Palmtop
         Fileserver
         Drucker
      Software
         Integrierte Software
         Kalkulation
            *Microsoft Excel 5.0*
            ...
         Textverarbeitung
            *Microsoft Word for Windows 6.0*
            ....
         Desktop Publishing
         Grafik
         Datenbanken
            *dBase IV 6.0*
            ...
         Programmiersprachen
         Utilities
         Games
            *Larry*
...

*Bild 2.5.1./1: Sortiment nach Artikelgruppen*

## Sortiment nach Hersteller und Sparte

Bild 2.5.1./2 untergliedert das Sortiment der UNTEL nach Hersteller und Sparte.

| | Anteil am Produktumsatz | Anzahl Artikel bzw. Bewegungen |
|---|---|---|
| **Hersteller** | 100 % | |
| UNTEL-Produkte[1] (Hausmarke) | 60 % | 1'500 |
| Produkte anderer Hersteller (Fremdmarken) | 40 % | 2'500 |
| **Sparte** | 100 % | |
| Unterhaltungselektronik | 80 % | 2'500 |
| Computing | 20 % | 1'500 |
| Bewegungen pro Jahr (d. h. Zugänge, Abgänge und Veränderungen von Artikeln) | | 500 |

*Bild 2.5.1./2: Sortiment nach Hersteller und Sparte*

### 2.5.2. Dienstleistungen

**Reparatur- und Wartungsdienst**

Leistungsbestandteile: Wartung, Reparatur, Hotline, Garantieleistungen; außerdem gewährt die UNTEL innerhalb von 30 Tagen nach Kauf ein Rückgaberecht auf defekte Produkte mit Rückerstattung des gesamten Kaufpreises.

Quantität der Leistung: An 6 Tagen während 12 Stunden Hotline

Vorwärtsintegration[2]: Wenn Konsumenten Fragen oder Probleme haben, können sie sich entweder an die Händler wenden oder über die Hotline direkt (vor allem im Bereich Computing) an die UNTEL.

---

[1] Nur Verkaufsartikel, ohne Artikel für Wartung/Reparatur.

[2] Die Vorwärts- bzw. Rückwärtsintegration gibt an, inwieweit die UNTEL Aufgaben einer nach- bzw. vorgelagerten Produktions- oder Handelsstufe übernimmt oder eigene Aufgaben an diese auslagert.

26    2. Geschäftsstrategie

Rückwärtsintegration: Die UNTEL betreibt eine intensive Ausbildung ihrer Service-Techniker, damit diese die Qualifikationen besitzen, um alle notwendigen Reparatur- und Wartungsaufgaben zu bewältigen. Dies gilt sowohl für UNTEL-Produkte als auch für die Produkte der anderen Hersteller. Zulieferanten führen nur in Ausnahmefällen Reparaturen durch.

Status: Detailhändler und Konsumenten erwarten und beanspruchen diese Leistung

**Elektronischer Produktkatalog**

Leistungsbestandteile: Der elektronische Produktkatalog nimmt Aufgaben eines Verkaufsassistenten wahr. Er unterstützt die Händler bei der Auswahl der gewünschten Produkte durch Produktinformationen und multimediale Produktpräsentationen. Er berät Kunden bei der Zusammenstellung kundenspezifischer Gerätekonfigurationen und überprüft sie. Außerdem stellt er die Wünsche der Detailhändler zu einem Angebot zusammen.

Quantität der Leistung: An 7 Tagen während 24 Stunden

Vorwärtsintegration: Dieses Beratungspaket wird den Händlern zur Verfügung gestellt. Es kann mit dem Online-Datenbankservice gekoppelt werden. Nach Auswahl eines Produktes im elektronischen Produktkatalog kann dieses anschließend online bestellt werden.

Status: Bestandteil des Projektes "Elektronischer Produktkatalog"

**Online-Bestellservice**

| | |
|---|---|
| Leistungsbestandteile: | Die Kunden der UNTEL geben ihre Bestelldaten online in das Verkaufs-IS der UNTEL ein. |
| Quantität der Leistung: | An 7 Tagen während 24 Stunden |
| Vorwärtsintegration: | Der Online-Bestellservice verlagert die Erfassung von Kundenaufträgen zum Kunden. Dies verhindert eine Doppelerfassung von Daten, die nicht nur Zeit- und Kosteneinsparungen ermöglicht, sondern auch die Gefahr von Fehlern reduziert. |
| Status: | Bestandteil des Projektes "Reorganisation Verkauf" |

**Betreiben der Warenwirtschaftssysteme von Kunden**

| | |
|---|---|
| Leistungsbestandteile: | Kunden der UNTEL können ihre Materialwirtschaft (insbesondere die Lagerbewirtschaftung und die Beschaffung) der UNTEL übertragen. |
| Vorwärtsintegration: | Die UNTEL übernimmt eine Aufgabe vom Händler, die nicht zu dessen Kernkompetenz (Beratung, Verkauf) gehört. Sie disponiert aufgrund von Ist-Beständen und Abverkäufen sowie von allgemeinen Branchenerwartungen und -trends. |
| Rückwärtsintegration: | Auch die UNTEL denkt an eine Auslagerung ihrer Logistik inkl. Lager- und Bestellverwaltung. |
| Status: | Bestandteil des Projektes Kundendienst |

### 2.5.3. Produktportfolio nach Marktwachstum und Marktanteil

Das Portfolio teilt die Marktleistungen in die Kategorien Audio, Video, (Computer-)Hardware, (Computer-)Software, Kommunikation und Dienstleistungen auf und gibt den jeweiligen Umsatzanteil an (vgl. Bild 2.5.3./1).

28    2. Geschäftsstrategie

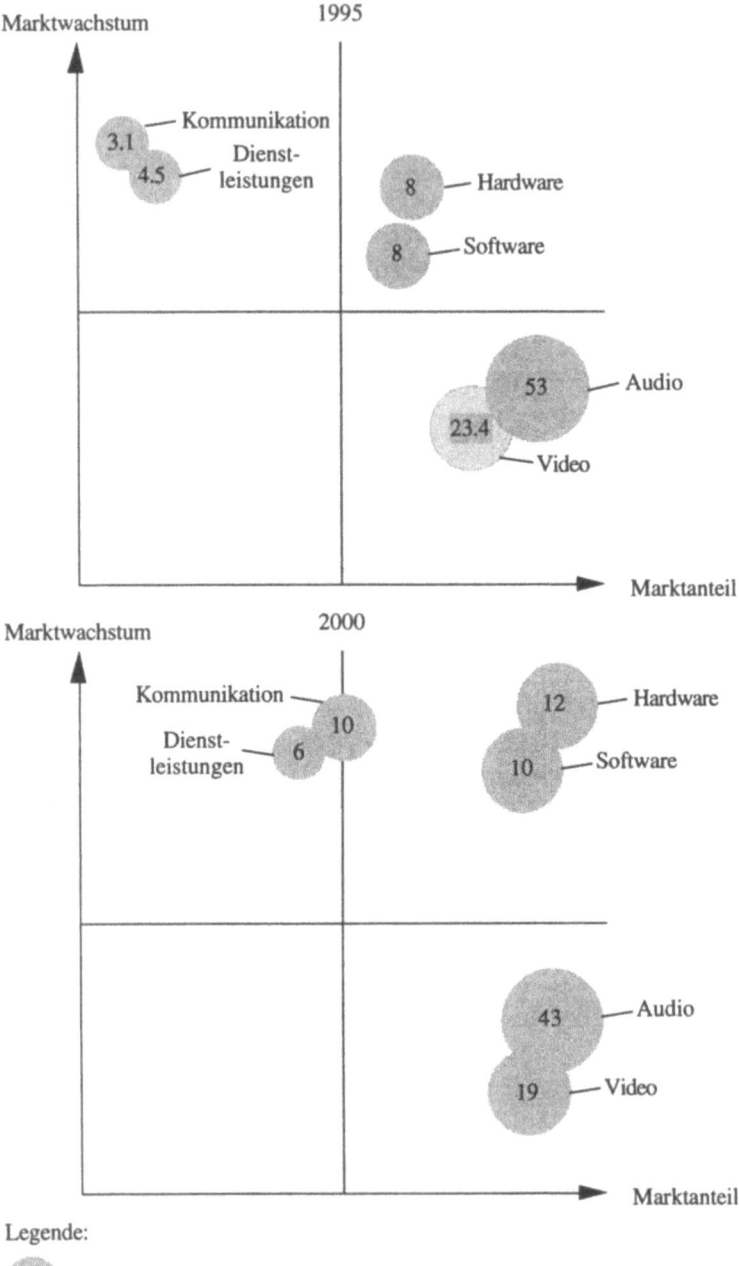

*Bild 2.5.3./1: Produktportfolio nach Marktwachstum und Marktanteil*

## 2.5.4. Preispolitik

Für alle Kunden gilt der gleiche Produktkatalog mit den gleichen Preisen. Allerdings erhalten die Kunden aufgrund des Vorjahresumsatzes, des Zahlungsverhaltens und ihrer Bedeutung einen kundenspezifischen Rabatt, den der Vertreter vorschlägt und der Regionalleiter bestätigen muß. Dieser Rabattsatz ist Bestandteil des Rahmenvertrages.

Es besteht keine Preisbindung der Detailhändler. Die UNTEL empfiehlt den Händlern lediglich Verkaufspreise. Meistens werden diese Preise jedoch unterschritten, der Ladenpreis liegt nahezu immer unter dem empfohlenen Verkaufspreis.

## 2.5.5. Logistikklassen

Die UNTEL unterscheidet drei Formen der Lieferung an Kunden (vgl. Bild 2.5.5./1).

| Logistikklasse | max. Lieferzeit | Anteil am Produktumsatz | Anzahl Artikel |
|---|---|---|---|
| A-Artikel | 24 h | 60 % | 400 |
| B-Artikel | 14 Tage | 30 % | 1'200 |
| C-Artikel | 28 Tage | 10 % | 2'400 |

*Bild 2.5.5./1: Logistikklassen*

**Sofort lieferbare Artikel (A-Artikel)**

Die UNTEL hält für A-Artikel in Zürich ein Lager für UNTEL-Produkte und Fremdprodukte, so daß sie diese Artikel innerhalb von 24 h nach Bestelleingang an ihre Kunden ausliefern kann. In Fällen von Stock-out von A-Artikeln kann die UNTEL zu höheren Preisen bei anderen UNTEL-Vertriebstöchtern in Europa bestellen. A-Artikel sind diejenigen Artikel, deren schnelle Auslieferung den Kaufentscheid der UNTEL-Kunden maßgeblich beeinflußt.

**Auftragsbasierte Beschaffung und Lieferung (B-Artikel)**

B-Artikel beschafft die UNTEL bei Vorliegen einer Bestellung beim UNTEL-Konzern, bei den europäischen Vertriebstöchtern oder bei ihren Zulieferanten. Die UNTEL liefert B-Artikel innerhalb von zwei Wochen an ihre Kunden aus.

**Vermittelte Lieferung (C-Artikel)**

Für das Gros der Fremdprodukte übernehmen die Zulieferanten die Auslieferung der Waren an die Kunden der UNTEL. Die UNTEL vermittelt die Bestellungen für diese Waren an ihre Zulieferanten. Die Lieferfrist für C-Artikel beträgt bis zu vier Wochen.

## 2.6. Organisation

### 2.6.1. Charakteristik der Organisation (Ist)

Die Mitarbeiter der UNTEL sind eher jung, da das Unternehmen in den letzten zwanzig Jahren aufgebaut wurde und das Tätigkeitsgebiet vorwiegend junge Menschen anspricht. Die formale Organisation ist bisher unterentwickelt. Die Kultur ist von schnellem Wachstum und geringem Kostendruck geprägt; die neue Marktsituation erzeugt Probleme. Das Unternehmen hat keine Erfahrung mit größeren Organisationsvorhaben. Außerhalb der Abteilung "Informatik & Organisation" gibt es kein Know-how in der Systemgestaltung. In einem Strategieworkshop wurden ein Ist- und ein Soll-Organisationsprofil gemäß Bild 2.6.1./1 ermittelt [nach Bleicher 1991, S. 59 ff.].

## 2.6. Organisation

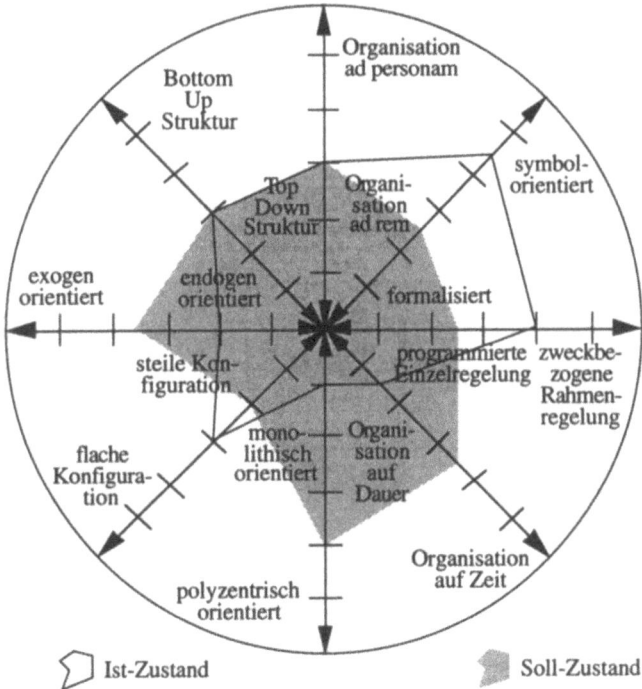

*Bild 2.6.1./1: Profil der Organisationsstruktur*

## 2.6.2. Organisationsstruktur (Ist)

### 2.6.2.1. Konzernstruktur

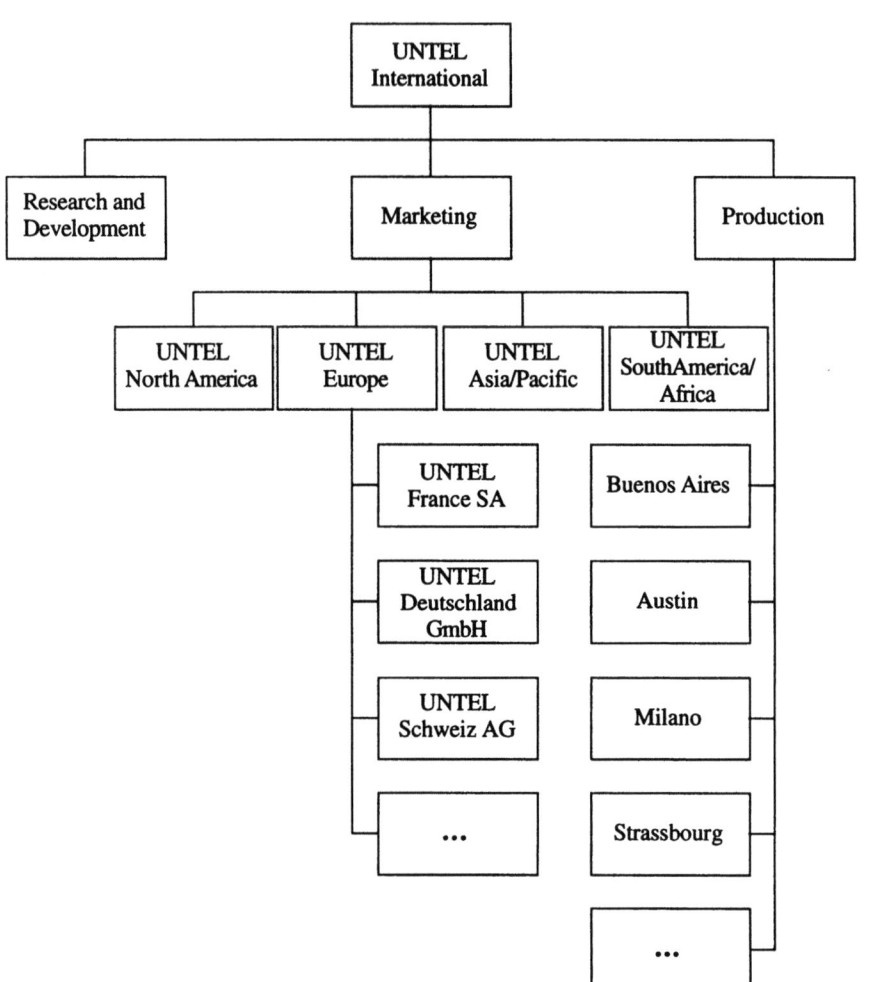

*Bild 2.6.2.1./1: Konzernstruktur*

## 2.6.2.2. UNTEL Schweiz AG (Ist)

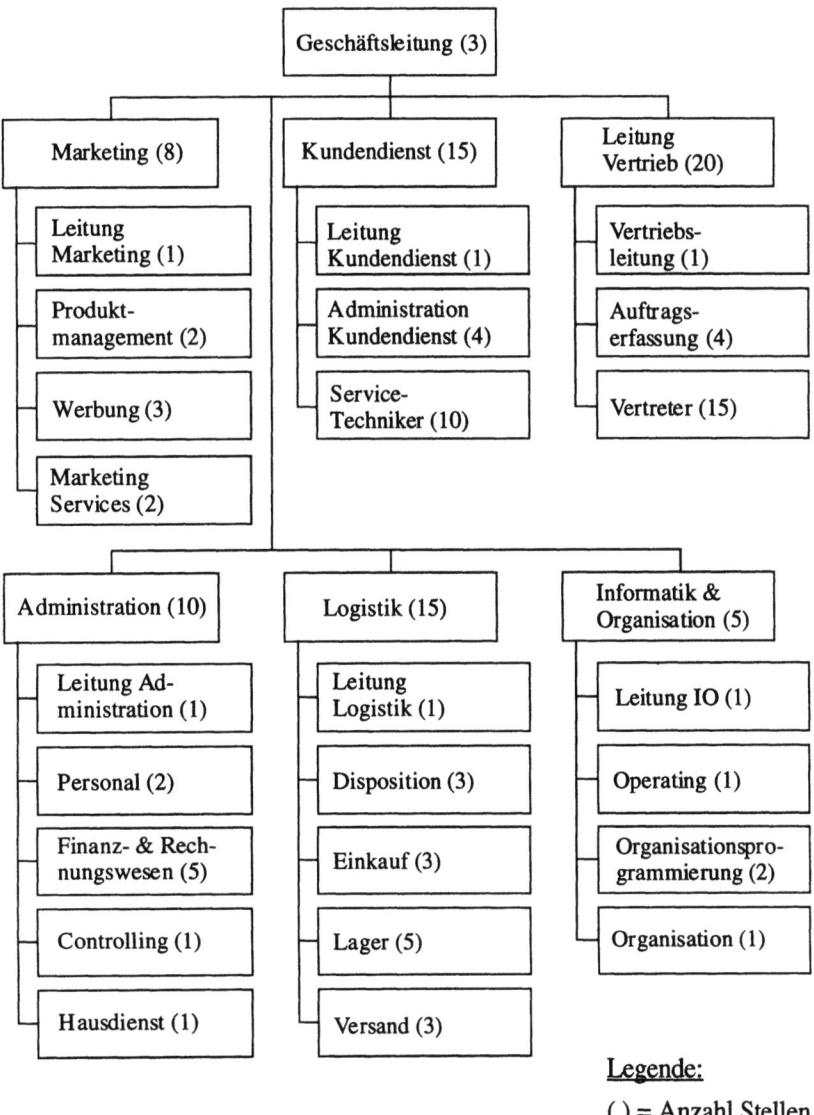

*Bild 2.6.2.2./1: Ist-Organisation der UNTEL Schweiz AG*

## 2.6.3. Organisationsstruktur (Soll)

### 2.6.3.1. Primäre Organisationsstruktur

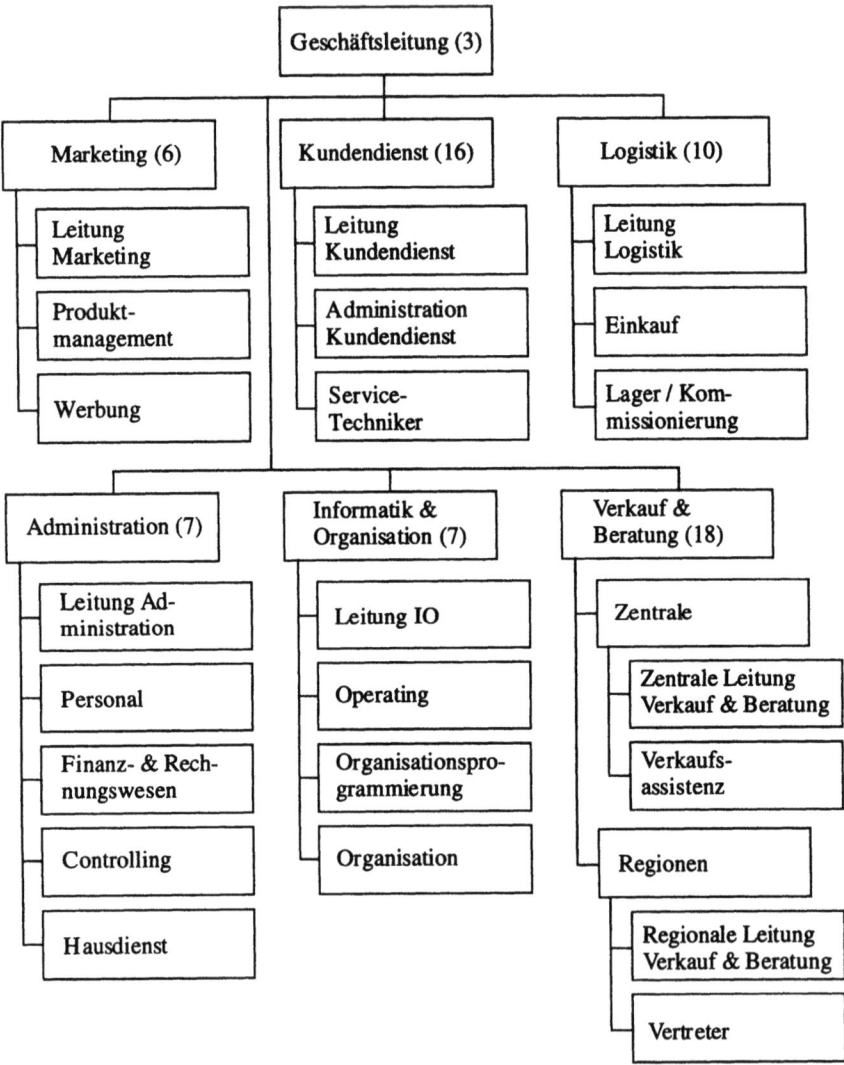

*Bild 2.6.3.1./1: Primärorganisation*

Das Projekt "UNTEL 2000" und insbesondere die Reorganisation des Verkaufs sollen zur neuen Organisationsstruktur führen. Freiwerdende Stellen sollen bei der Reorganisation sowie beim Aufbau der neuen Beratungsleistungen mitwirken. Längerfristig soll der Personalbestand trotz steigendem Umsatz durch die Vereinfachung der Abläufe und weitergehende Computerisierung von 76 auf 67 Mitarbeiter sinken.

Die Abteilungen (vgl. Bild 2.6.3.1./1) haben folgende Aufgaben (Soll):

**Administration**

Die Administration ist für alle Verwaltungsaufgaben (z. B. Personal oder Finanz- & Rechnungswesen) zuständig, die nicht von den anderen Abteilungen abgedeckt werden.

**Informatik & Organisation**

Die Informatik & Organisation (IO) ist für Abläufe, Anwendungssoftware und die Software- und Hardware-Plattform verantwortlich.

**Marketing**

Das Produktmanagement organisiert die Werbung, pflegt den Produktkatalog, plant und unterstützt die Ausbildung des Verkaufspersonals, organisiert die Präsentation an Messen und die Teilnahme an der Produktshow der UNTEL Europe, sammelt Rückmeldungen der Konsumenten, erhebt Daten zum Absatzmarkt und zur Konkurrenz, erstellt zusammen mit dem Verkauf den jährlichen Marketing- und Absatzplan, liefert Unterlagen zur langfristigen Marktstrategie usw.

**Verkauf & Beratung**

Die zentrale Leitung Verkauf & Beratung koordiniert mit Unterstützung der Verkaufsassistenz den Verkauf, die Beratung, die Sortimentsgestaltung, die Gebietszuordnung usw. Sie unterstützt die regionale Leitung Verkauf & Beratung bei Verhandlungen mit Großkunden und bei der Akquisition neuer Kunden.

Die Vertreter betreuen die Kunden in den drei Verkaufsregionen Nordschweiz, Zentralschweiz sowie Süd- und Westschweiz. Sie bauen Kundenbeziehungen auf und sind für die Akquisition von Aufträgen in den ihnen zugeteilten Regionen verantwortlich. Das Schwergewicht der Tätigkeit eines Vertreters liegt in der Beratung der von ihm zu betreuenden Kunden. Jeder Vertreter ist zwar grundsätzlich nur für bestimmte Artikelgruppen verantwortlich, die Kundenorientierung erfordert aber, daß ein Vertreter einem Kunden Fragen zum gesamten Sortiment beantworten kann. Großkunden, die in der gesamten Schweiz tätig sind, werden derjenigen Region zugeordnet, in der sie ihren Hauptsitz haben.

Ausgewählten Vertretern wird zusätzlich zu ihrer Vertretertätigkeit die Aufgabe der regionalen Verkaufsleitung übertragen.

**Logistik**

Die Logistik ist für die korrekte Belieferung der Kunden verantwortlich. Sie bestellt aufgrund eines Absatzplanes bei den Werken des UNTEL-Konzerns, bei den Zulieferanten und in Ausnahmefällen bei den anderen europäischen Vertriebstöchtern der UNTEL.

**Kundendienst**

Der Kundendienst übernimmt die Wartungs- und Reparaturaufgaben. Er steht den Händlern und Konsumenten über eine Hotline zur Verfügung.

### 2.6.3.2. Geschäftsfeldorganisation

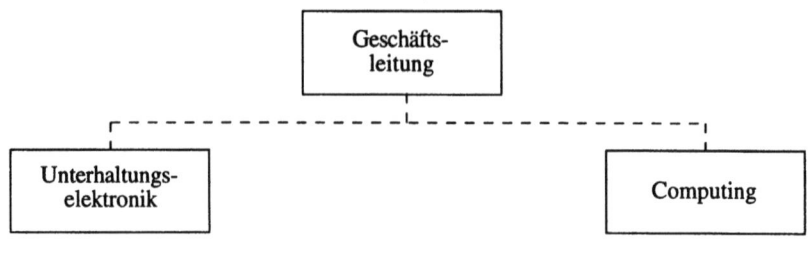

*Bild 2.6.3.2./1: Geschäftsfelder*

Beim Aufbau des Produktsortiments und des Verkaufs im Bereich Computing brauchte die UNTEL Know-how, das bis dahin im Unternehmen nicht vorhanden war. Sie entschloß sich, für die Beratung und Betreuung der Händler auf dem Gebiet Computing spezialisierte Vertreter auszubilden bzw. zu rekrutieren. In der Folge installierte sie für die Unterhaltungselektronik und das Computing zwei getrennte Geschäftsfelder mit Produktmanagern und einer rudimentären Erfolgsrechnung. Trotz der damit verbundenen Probleme behält auch die neue Strategie diese Sekundärorganisation (vgl. Bild 2.6.3.2./1) bis auf weiteres bei.

**Unterhaltungselektronik**

Das Geschäftsfeld Unterhaltungselektronik verkauft ausschließlich Produkte der Unterhaltungselektronik, aufgeteilt in Audio, Video, Multimedia, Kommunikation und Zubehör (vgl. Bild 2.5.1./1). Die Endverbraucher für dieses Geschäftsfeld sind private Haushalte; die UNTEL-Kunden dieses Geschäftsfeldes sind Händler gemäß Bild 2.4.2./1.

**Computing**

Das Geschäftsfeld Computing umfaßt den Verkauf aller Produkte des Sortimentsteils Computing. Das Geschäftsfeld Computing spricht dieselben Endverbraucher an wie das Geschäftsfeld Unterhaltungselektronik. Es richtet sich nur an die Händler, die entweder ausschließlich Personal- und Home Computing-Produkte verkaufen oder aber (z. B. neben der Unterhaltungselektronik) eine Abteilung dafür betreiben.

### 2.6.3.3. Prozeßorganisation

Im Rahmen der Strategie hat die UNTEL auch den ersten Entwurf einer Prozeßorganisation umrissen. Sie identifiziert vier wettbewerbsrelevante Prozesse: Verkauf, Logistik, Kundendienst und Führung (vgl. Bild 2.6.3.3./1). Die Aufteilung der Auftragsabwicklung in Verkauf und Logistik soll die geplante Ausgliederung der Logistik erleichtern.

38    2. Geschäftsstrategie

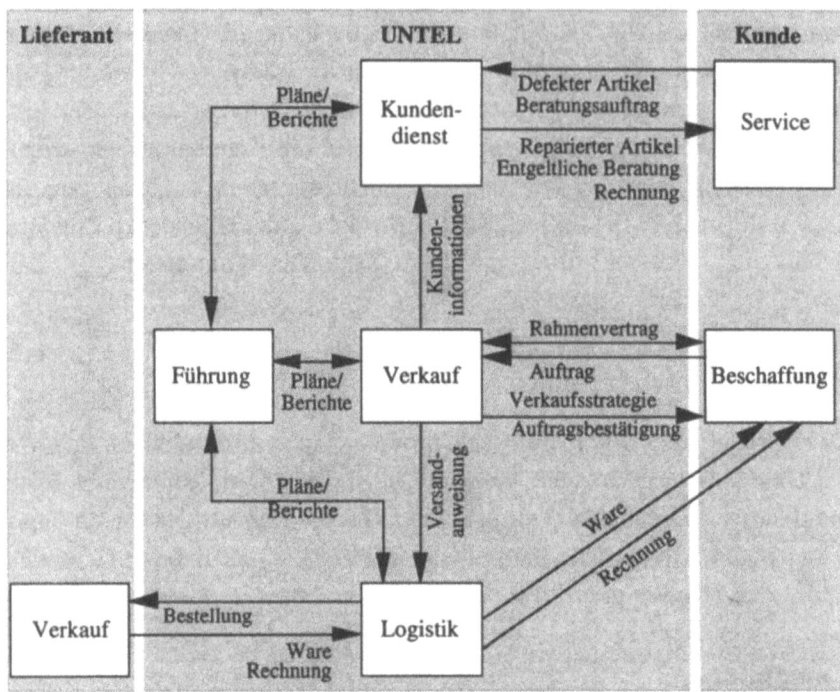

*Bild 2.6.3.3./1: Prozeßlandkarte (erster Entwurf im Rahmen der Strategieplanung)*

**Verkauf**

Der Verkaufsprozeß befaßt sich mit Kunden und Aufträgen. Er baut neue Kundenbeziehungen auf (Ausarbeitung von Rahmenverträgen, Festlegen von Konditionen, Dokumentation usw.) und pflegt die vorhandenen (v. a. durch Anpassung der Rahmenverträge und Beratung des Kunden bei der Entwicklung seiner eigenen Verkaufsstrategie). Er akquiriert Aufträge und gibt sie zum Versand frei. Seine Leistungen dem Kunden gegenüber sind unentgeltlich. Verantwortlich für den Verkaufsprozeß ist der Leiter Verkauf & Beratung.

**Logistik**

Der Logistikprozeß umfaßt sämtliche Materialflüsse der UNTEL, vom UNTEL-Konzern und den Zulieferern über die Lagerhaltung, Kommissionierung, Versand und den Transport bis zum Kunden inkl. der Rücknahme von

Retouren und Verpackungsmaterial. Solange die Entscheidung über die Auslagerung der Logistik nicht gefällt ist, richtet sich die UNTEL weitgehend nach den Logistiklösungen des UNTEL-Konzerns. Verantwortlich für den Logistikprozeß ist der Leiter Logistik.

**Kundendienst**

Der Prozeß Kundendienst bietet den Kunden - im Regelfall gegen Entgelt - Beratungsleistungen an. Den Kern bildet heute der Reparatur- und Wartungsdienst. Neu dazu kommen die Entwicklung von Händler-Packages und kundenspezifischen Konfigurationshilfen für Haushaltselektronik, die sogenannte ergänzende Beratung. Zu den unentgeltlichen Leistungen dieses Prozesses zählen die Bereitstellung von Hotline-Informationen, die Verkaufsförderung (Werbung, Produktpräsentationen auf Messen usw.) sowie die Pflege des elektronischen Produktkatalogs (Gestaltung, Artikelaufnahme und Distribution).

**Führung**

Der Führungsprozeß umfaßt die Vorgabe von Zielen, die Erfassung der Ist-Werte, den Soll-Ist-Vergleich und die daraus resultierenden Maßnahmen. Zentrale Aufgabe des Prozesses Führung ist die Abstimmung der Zielvorgaben für die Geschäftsfelder und Prozesse. Deshalb behandelt und gestaltet die UNTEL die Führung als eigenständigen Prozeß und verbindet so die Führungsaufgaben aus den verschiedenen Prozessen und Geschäftsfeldern zu einer ganzheitlichen Sicht.

Die Prozesse und die wichtigsten Prozesse der Geschäftspartner im Überblick:

Bild 2.6.3.3./2 gibt einen Überblick über die Personalaufwände der Prozesse. In diesen Zahlen sind die Aufgaben der Personalverwaltung, der Informatik & Organisation und des technischen Dienstes nicht enthalten, da die UNTEL diese Aufgaben nicht als selbständige Prozesse organisieren will.

| Prozeß/Aufgabe | Aufwand in Personentage (PT) pro Jahr (Soll) |
|---|---|
| Verkaufsprozeß | 3'850 |
|    Kunden akquirieren | 250 |
|    Kunden betreuen | 1'200 |
|    Aufträge akquirieren | 2'000 |
|    Aufträge anpassen | 100 |
|    Verkaufsprozeß führen | 300 |
| Logistikprozeß | 2'000 |
|    Sortimentsverwaltung | 100 |
|    Bestellverwaltung | 500 |
|    Auftragsausführung | 720 |
|    Lagerverwaltung | 500 |
|    Logistikprozeß führen | 180 |
| Kundendienstprozeß | 4'900 |
|    Verkaufsförderung / Messebetreuung | 1'200 |
|    Katalogpflege | 100 |
|    Bezahlte Beratung | 200 |
|    Kundendienst | 2'200 |
|    Hotline | 1'000 |
|    Kundendienstprozeß führen | 200 |
| Führungsprozeß | 1'400 |
|    Planung und Budgetierung | 200 |
|    Buchhaltung | 680 |
|    Periodenabschlüsse erstellen | 200 |
|    Kostenrechnung | 170 |
|    Führungsgrößen ermitteln | 100 |
|    Führungsprozeß führen | 50 |

*Bild 2.6.3.3./2: Grobes Aufgabenverzeichnis für die vier Prozesse der UNTEL*

### 2.6.3.4. Standorte

Die UNTEL hat ihren Sitz in Zürich (vgl. Bild 2.6.3.4./1). Dort sind grundsätzlich alle Aufgaben der Geschäftsleitung, der Administration, der Informatik & Organisation, der Verkaufszentrale, der Logistik sowie des Kundendienstes zusammengefaßt. Reparaturleistungen werden im Regelfall nur in Zürich erbracht. Bei Großkunden gibt es Wartung jedoch auch vor Ort beim Händler oder allenfalls beim Konsumenten.

Niederlassungen als Sitz der Regionalleitungen, der Verkaufsunterstützung und der Vertreter befinden sich in Zürich, St. Gallen und Genf. Die Vertreter erledigen jedoch den größten Teil ihrer Aufgaben zu Hause oder unterwegs.

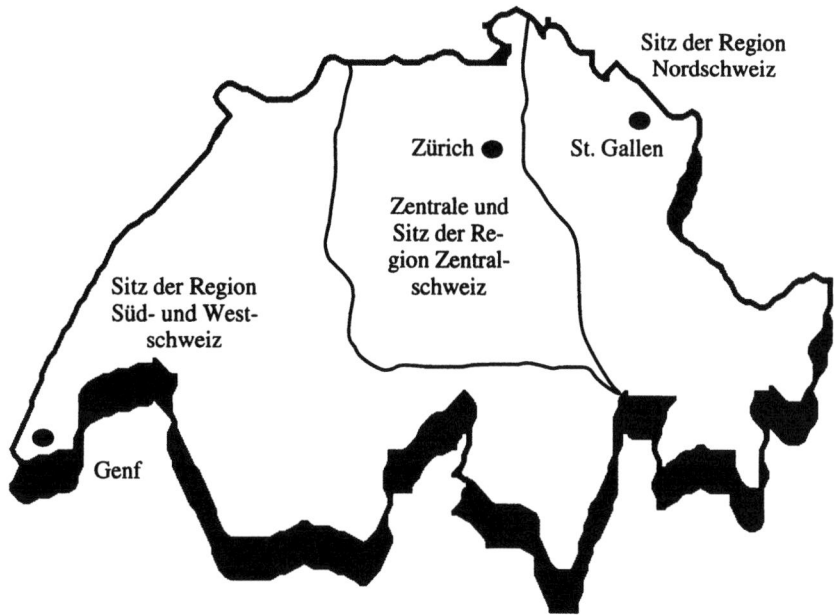

*Bild 2.6.3.4./1: Standorte*

## 2.6.4. IS- und IT-Architektur

Mit einer IS-Architektur gibt die UNTEL den konzeptionellen Rahmen für die bevorstehenden IS-Projekte vor (vgl. Bild 2.6.4./1 und 2).

Die IT-Architektur beinhaltet die Pläne bezüglich Hardware, Software und Netzwerke. Die wichtigsten Eckpunkte daraus sind:

Der UNTEL-Konzern verwendete in den Vertriebsgesellschaften bisher AS-400-Lösungen und hat sich entschlossen, neue Applikationen auf UNIX (für Server) in Verbindung mit WINDOWS (für Workstations) und dem Datenbanksystem ORACLE zu realisieren. Für das Enduser-Computing kommt die Produktpalette von Lotus zum Einsatz.

Die Vertreter erhalten in der Schweiz ab 1.1.1995 mobile PCs. Sie sollen zunächst über ISDN-Leitungen und dann möglichst bald über zellulare Telefone auch mobil mit der Zentrale kommunizieren. Sie können dann unterwegs sämtliche Funktionen des Zentralcomputers nutzen.

42    2. Geschäftsstrategie

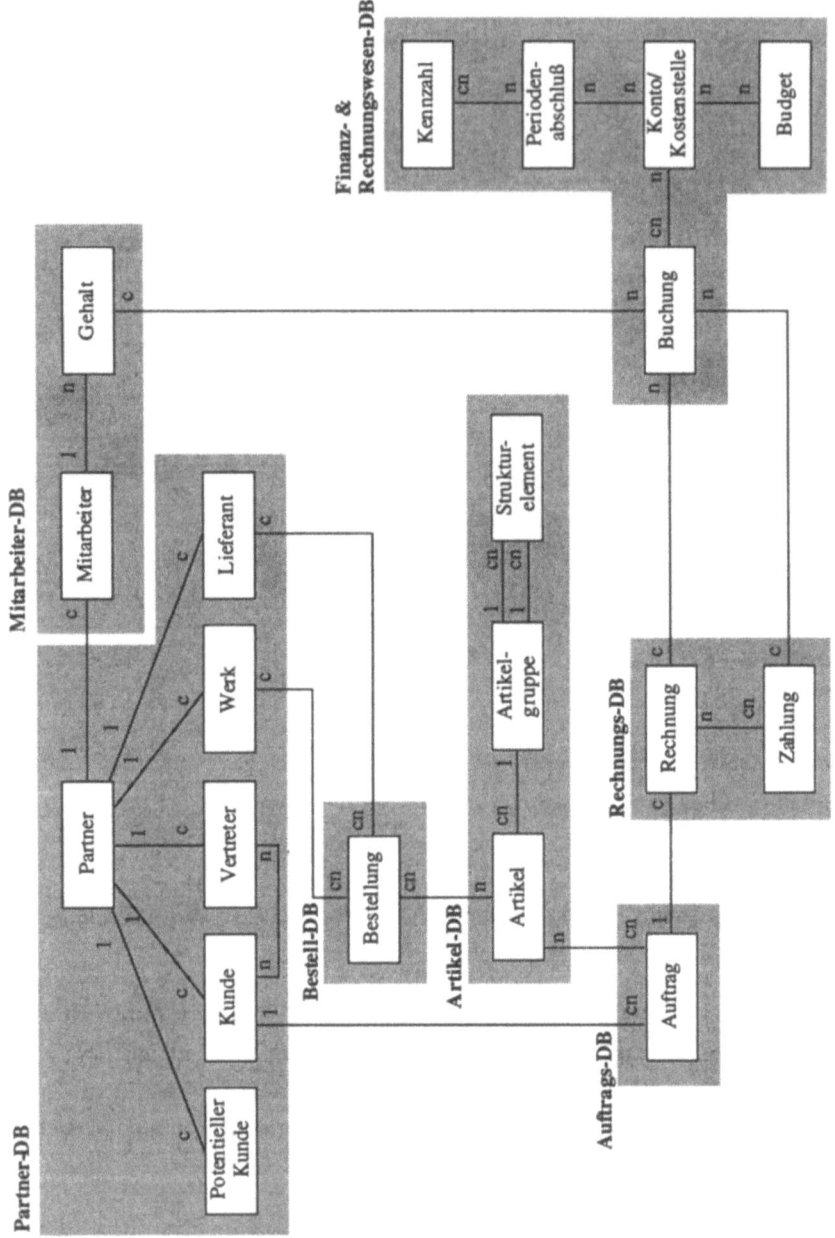

*Bild 2.6.4./1: Datenarchitektur*

## 2.6. Organisation

| ENTITÄTSTYP \ AUFGABE | Personalverwaltung | Lohn- und Gehaltsabrechnung | Kunden akquirieren | Kunden betreuen | Sortimentsverwaltung | Bestellverwaltung | Auftragsausführung | Lagerverwaltung | Kostenrechnung | Periodenabschlüsse erstellen | Planung und Budgetierung | Führungsgrössen ermitteln | Buchhaltung | Aufträge akquirieren | Aufträge anpassen | DATENBANK |
|---|---|---|---|---|---|---|---|---|---|---|---|---|---|---|---|---|
| Mitarbeiter | ARMD | R | | | | | | | | | | | | | | Mitarbeiter-DB |
| Gehalt | ARMD | ARMD | | | | | | | | | | | | | | |
| Vertreter | ARMD | R | R | | | | | | | | | | | | | |
| Partner | ARMD | R | ARMD | RMD | | ARMD | R | | | | | | ARMD | R | R | Partner-DB |
| Kunde | | | A | R | | | | | | | | | | R | R | |
| PotentiellerKunde | | | ARMD | | | | | | | | | | | | | |
| Werk | | | | | ARMD | ARMD | | | | | | | | | | |
| Lieferant | | | | | ARMD | ARMD | R | | | | | | | | | |
| Artikel | | R | | | ARMD | R | R | R | | | | | ARMD | R | R | Artikel-DB |
| Artikelgruppe | | | | | ARMD | ARMD | | | | | | | | | | |
| Strukturelement | | | | | | | | R | | | | | | | | |
| Bestellung | | | | | | ARMD | | | | | | | | | | Bestell-DB |
| Buchung | ARM | | | | | | ARM | | ARMD | ARMD | | | ARMD | | | Finanz- & Rechnungswesen-DB |
| Konto / Kostenstelle | | | | | | | | | ARMD | ARM | R | R | ARMD | | | |
| Periodenabschluß | | | | | | | | | | ARMD | R | R | | | | |
| Budget | | | | | | | | | | | ARMD | R | | | | |
| Führungsgröße | | | | | | | | | | | | ARMD | | | | |
| Rechnung | | | | | | | ARMD | | | | R | R | ARMD | R | R | Rechnungs-DB |
| Zahlung | | | | | | | R | | | | R | R | ARMD | R | R | |
| Auftrag | | R | | | | | R | | | | | | | A | RMD | Auftrags-DB |
| APPLIKATION | Personalwirtschaft | | Kundenverwaltung | | Logistik | | | | Finanz- und Rechnungswesen | | | | | Auftragsverwaltung | | |

*Bild 2.6.4./2: Applikationsarchitektur*

## 2.7. Führungssystem (Soll)

### 2.7.1. Erfolgsfaktoren

Die UNTEL hat ihre strategische Stoßrichtung (vgl. Punkt 2.2.) durch untenstehende Erfolgsfaktoren konkretisiert. Diese Erfolgsfaktoren verkörpern Potentiale, die die UNTEL durch gezielte Aktivitäten aufbauen und/oder erhalten will (vgl. Bild 2.7.1./1).

### 2.7.2. Führungsgrößen

Die Geschäftsleitung führt die UNTEL nicht nur nach den klassischen finanziellen Führungsgrößen (Bilanz- und Erfolgskennzahlen), sondern auch nach Führungsgrößen, welche die Qualität der Prozesse messen (direkte Führungsgrößen).

**Finanzielle Führungsgrößen**

Die finanziellen Führungsgrößen beurteilen die UNTEL nach den Kategorien Liquidität, Rentabilität, Kapital-, Vermögens-, Aufwand- und Ertragsstruktur (vgl. Bild 2.7.2./1). Das Hauptgewicht dieser Größen liegt auf den Kosten und den Deckungsbeiträgen, stehen also für den Erfolgsfaktor Kosten.

**Direkte Führungsgrößen**

Die UNTEL leitet die direkten Führungsgrößen aus den Erfolgsfaktoren Image, Kosten, Geschwindigkeit und Kompetenz ab (vgl. Bild 2.7.2./2). Auf der Ebene der Prozesse kommen weitere direkte Führungsgrößen hinzu.

Image und Kompetenz sind schwer operationalisierbar und müssen überwiegend informell geplant und überprüft werden.

| Rang | Erfolgsfaktor | Wettbewerbsposition |
|---|---|---|

stark   mittel   schwach

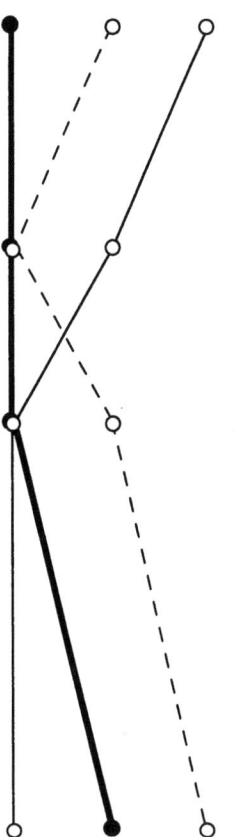

1 *Kompetenz*
Die Kompetenz, die künftigen Lösungen für die Haushalte zu erkennen, zu konfigurieren und zu realisieren, soll einen Preisabstand zu reinen Komponentenlieferanten erlauben.

2 *Image im Markt*
Die Marke UNTEL ist die Basis für das Geschäft der UNTEL.

3 *Geschwindigkeit*
Die Liefergeschwindigkeit ist ein Kriterium für die Auswahl des Lieferanten, da der Kunde des Detailhändlers immer weniger zu warten bereit ist.

4 *Kosten*
Die Kosten für die Restrukturierung und den Aufbau von Beratungsleistungen zwingen die UNTEL, die Kosten, vor allem im Innendienst, durch Personalreduktion und Lagerabbau, aber auch durch höhere Verkaufszahlen pro Vertreter, zu senken.

Legende:

●——● geplante Wettbewerbsposition nach Reorganisation
○– – –○ Wettbewerbsposition vor Reorganisation
○———○ Einschätzung der wichtigsten Wettbewerber im Jahr 1995

*Bild 2.7.1./1: Erfolgsfaktoren*

| Führungsgröße | Berechnung bei der UNTEL |
|---|---|
| **Liquidität** | |
| Cash Flow | Liquiditätswirksamer Ertrag abzüglich liquiditätswirksamer Aufwand |
| Liquidität 2. Grades (Quick Ratio, Acid Test) | Zahlungsmittelbestand und Forderungen in Prozent der kurzfristigen Verbindlichkeiten |
| **Rentabilität** | |
| Eigenkapitalrendite | Reingewinn in Prozent des durchschnittlichen Eigenkapitals |
| Umsatzrendite | Reingewinn in Prozent des Umsatzes |
| Wertschöpfung je Mitarbeiter | Marge bzw. Handelsspanne (Umsatz abzüglich Wareneinstand) je Mitarbeiter (umgerechnet auf ganze Stellen) |
| **Kapitalstruktur** | |
| Eigenkapital | Geld-, Güter- und Dienstleistungszugänge an die UNTEL |
| Fremdkapital | Geld-, Güter- und Dienstleistungsabgänge von der UNTEL |
| **Vermögensstruktur** | |
| Debitorenverlust | Uneinbringliche Forderungen in % des Umsatzes |
| Gesamtkapitalumschlag | Umsatz / Gesamtkapital |
| Lagerumschlag | Umsatz / Lagerbestand |
| **Aufwandstruktur** | |
| Kosten | Ausgehend vom Aufwand laut Buchhaltung werden die buchmäßigen Kosten durch kalkulatorische ersetzt sowie Abgrenzungen anderer Art (zeitlich, sachlich) vorgenommen |
| Kostenanteil am Umsatz | Kosten in Prozent des Umsatzes |
| Abwicklungskosten pro Auftrag | Durchschnittliche Abwicklungskosten pro Auftrag |
| Deckungsbeitrag | Jener Betrag, den ein einzelner Kunde, ein einzelner Vertreter oder eine einzelne Artikelgruppe zur Deckung der von ihm (ihr) verursachten fixen Kosten und des von ihm (ihr) verursachten Gewinns leistet |
| **Ertragsstruktur** | |
| Umsatz | Wertmäßig realisiertes Absatzvolumen |
| Marktanteil | Umsatz in Prozent des Branchenumsatzes |
| Umsatz je Mitarbeiter | Umsatz / Anzahl Mitarbeiter |
| Anzahl Mitarbeiter | Anzahl Mitarbeiter (100 % Stellen) |

*Bild 2.7.2./1: Finanzielle Führungsgrößen*

| Führungsgröße | Berechnung bei der UNTEL |
|---|---|
| **Geschwindigkeit** | |
| Servicegrad | Prozentsatz der Auftragsposten, die innerhalb des Liefergeschwindigkeitszieles der Logistikklasse liegen |
| Servicegeschwindigkeit | Maximale Zeitspanne zwischen Kundenbestellung und Auslieferung eines Artikels (A-, B- oder C-Artikel) beim Kunden |
| Auskunftsgeschwindigkeit | Durchschnittliche Zeitspanne zur Abwicklung einer Kundenanfrage |
| **Kompetenz** | |
| Kundenbetreuung | Durchschnittliche Anzahl abgestatteter Vertreterbesuche pro Kunde und Jahr (exkl. vom Kunden veranlaßte Wartungsbesuche) |
| Angebotserfolg (Beratungsqualität) | Prozentsatz der Offerten, die zu Aufträgen führen |
| Produktkenntnisse | Durchschnittliche Anzahl unterschiedlicher Artikel, die ein Kunde bestellt, in Prozent der Anzahl Artikel im Sortiment |
| **Image** | |
| Reklamationsquote (Kundenretouren) | Prozentsatz der Auftragsposten, die Kunden ganz oder teilweise retourniert haben |
| Kundenbeschwerden | Anzahl schriftlicher und mündlicher Beschwerden, die Kunden bezüglich der UNTEL-Leistungen eingelegt haben |
| Neukunden | Anzahl der neu aufgenommenen Kunden |
| Verlorene Kunden | Anzahl der Kunden, die aus der Kundenkartei gelöscht werden |

*Bild 2.7.2./2: Direkte Führungsgrößen*

### 2.7.3. Geschäftsziele

Die UNTEL hat ihre Ziele auf Basis ihrer Führungsgrößen formuliert (vgl. Bild 2.7.3./1).

## 2. Geschäftsstrategie

| Führungsgröße | Zielmaß-stab | Ist 31.12.94 | Soll 31.12.95 | Soll 31.12.96 | Soll 31.12.97 |
|---|---|---|---|---|---|
| Cash Flow | Mio. CHF | 0.7 | 0 | 1.8 | 2.9 |
| Liquidität 2. Grades | % | 102 | 97 | 102 | 98 |
| Eigenkapitalrendite | % | 4.4 | 0 | 9.8 | 14 |
| Umsatzrendite | % | 1 | 0 | 2.2 | 3.2 |
| Wertschöpfung je Mitarbeit. | Mio. CHF | 0.18 | 0.18 | 0.2 | 0.23 |
| Eigenkapital | Mio. CHF | 16 | 16 | 20 | 21 |
| Fremdkapital | Mio. CHF | 30 | 30 | 31 | 33 |
| Debitorenverlust | % | 2 | 2 | 1.5 | 1 |
| Gesamtkapitalumschlag | x-mal | 1.5 | 1.6 | 1.6 | 1.7 |
| Lagerumschlag | x-mal | 4 | 5 | 6 | 8 |
| Kosten | Mio. CHF | 69.3 | 72 | 78.2 | 87.1 |
| Kostenanteil am Umsatz | % | 99 | 100 | 97.8 | 96.8 |
| Abwickl.kosten pro Auftrag | CHF | 180 | 165 | 100 | 80 |
| Deckungsbeiträge[1] | CHF | - | - | - | - |
| Umsatz | Mio. CHF | 70 | 72 | 80 | 90 |
| Marktanteil | % | 30 | 32 | 33 | 33 |
| Umsatz je Mitarbeiter | Mio. CHF | 0.92 | 0.97 | 1.14 | 1.34 |
| Anzahl Mitarbeiter | Anzahl | 76 | 74 | 70 | 67 |
| Servicegrad aller Artikel | % | 55 | - | - | - |
| Servicegrad A-Artikel | % | - | - | 90 | 99 |
| Servicegrad B-Artikel | % | - | - | 80 | 90 |
| Servicegrad C-Artikel | % | - | - | 80 | 85 |
| Servicegeschwindigkeit | Tage | 22 | - | - | - |
| Servicegeschwind. A-Art. | Tage | - | - | 1.5 | 1 |
| Servicegeschwind. B-Art. | Tage | - | - | 16 | 14 |
| Servicegeschwind. C-Art. | Tage | - | - | 32 | 28 |
| Auskunftsgeschwindigkeit | h | 20 | 14 | 1 | 0.3 |
| Kundenbetreuung | Besuche | 2 | 2 | 2.5 | 3 |
| Angebotserfolg | % | 75 | 80 | 85 | 85 |
| Produktkenntnisse | % | 1.7 | 1.8 | 2 | 2.2 |
| Reklamationsquote | % | 12 | 10 | 9 | 7 |
| Kundenbeschwerden | Anzahl | 200 | 180 | 140 | 120 |
| Neukunden | Anzahl | 30 | 30 | 35 | 40 |
| Verlorene Kunden | Anzahl | 20 | 17 | 15 | 15 |

*Bild 2.7.3./1 Geschäftsziele*

---

[1] Deckungsbeiträge liegen noch nicht vor.

## Kostenarten

Die Kostenartenrechnung detailliert die Führungsgröße "Kostenanteil am Umsatz" (vgl. Bild 2.7.3./2).

| Kostenart | Anteil Kostenart in Prozent des Umsatzes | | | |
|---|---|---|---|---|
| | Ist | Soll | | |
| | 1994 | 1995 | 1996 | 1997 |
| Wareneinstand | 80 | 82 | 82 | 83 |
| Personal | 11 | 10 | 9 | 7.5 |
| Zinsen auf Umlaufvermögen | 0.3 | 0.3 | 0.2 | 0.2 |
| Zinsen auf Anlagen/Gebäude | 0.4 | 0.4 | 0.4 | 0.4 |
| Abschreibungen auf Beständen | 1 | 0.9 | 0.7 | 0.7 |
| Abschreibungen auf Anlagen/Gebäude | 0.9 | 0.9 | 0.9 | 0.9 |
| Debitorenverlust | 2 | 2 | 1.5 | 1 |
| Miete | 0.5 | 0.5 | 0.5 | 0.5 |
| Werbung/Beratung | 0.7 | 1.3 | 0.9 | 0.8 |
| Transportkosten | 2 | 1.5 | 1.5 | 1.6 |
| Sonstige Kosten (Verwaltungsspesen, Versicherungen usw.) | 0.2 | 0.2 | 0.2 | 0.2 |
| Gewinn | 1 | 0 | 2.2 | 3.2 |
| Summe in Prozent des Umsatzes | 100 | 100 | 100 | 100 |

*Bild 2.7.3./2: Kostenarten*

## Kostenstellen und Kostenträger

Eine aussagefähige Kostenstellen- und Kostenträgerrechnung liegt derzeit nicht vor.

### 2.7.4. Planungs- und Kontrollsystem

Die UNTEL unterscheidet drei Planungszyklen (vgl. Bild 2.7.4./1):

### 5-Jahresplan (Strategieplan)

Er konkretisiert längerfristige, strategische Entscheidungen der Geschäftsleitung sowie Konzernvorgaben. Dieser Plan ist die Leitlinie für den 1-Jahresplan. Bild 2.7.3./1 und 2 sind eine Zusammenfassung des 5-Jahresplanes, auf drei Jahre reduziert.

50   2. Geschäftsstrategie

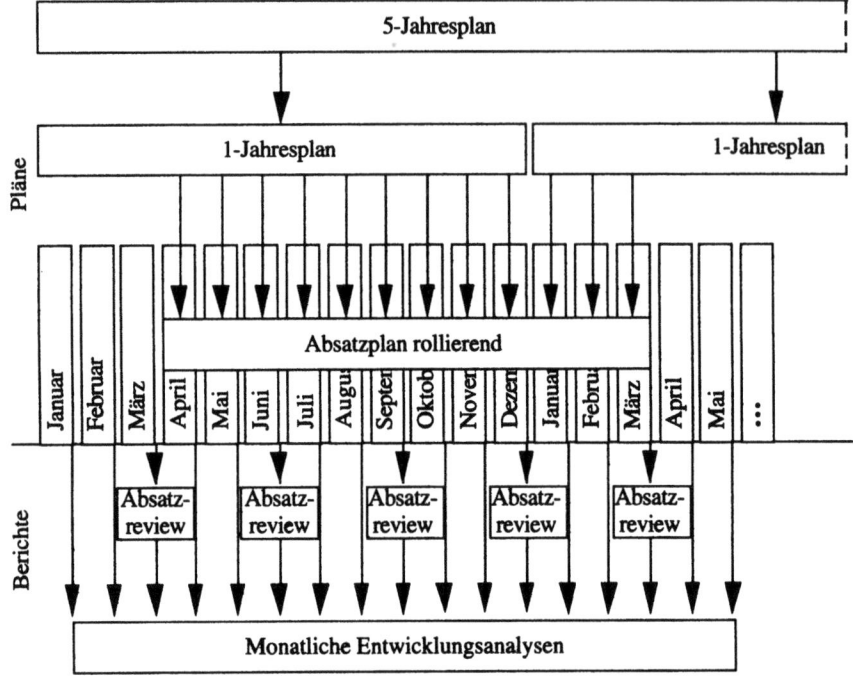

*Bild 2.7.4./1: Planung und Kontrolle*

**1-Jahresplan**

Der 1-Jahresplan macht monatsbezogene Vorgaben für die strategischen Geschäftsfelder sowie die Prozesse der UNTEL. Die monatlichen Ist-Werte werden zur Überwachung des Jahresplanes auf das Jahr hochgerechnet.

**Rollierende Absatzplanung**

Der Absatz ist für viele laufende Entscheidungen der UNTEL (z. B. Bestellmengen) die Grundlage. Daher wird am Ende jedes Quartals der Absatzplan rollierend für die nächsten vier Quartale fortgeschrieben.

## 2.8. Personal (Soll)

Die UNTEL führt und bezahlt die Mitarbeiter leistungsbezogen. Das Maß sind die individuellen Mitarbeiterziele, die aus den Zielen der Geschäftsfelder und Prozesse abgeleitet werden. Bisher gab es keine leistungsbezogene Bezahlung.

Folgendes Konzept ist geplant:

- Die Vertreter erhalten ein leistungsunabhängiges Grundgehalt, das jedoch nur maximal 50 % des Gesamtgehalts ausmachen darf. Zu diesem Fixum kommt eine Umsatzprovision aus folgenden Komponenten:
    - Aufträge, die der Vertreter erfaßt, gelten als Vertreteraufträge. Der Wert des Auftrages wird dem Vertreterumsatz gutgeschrieben.
    - Aufträge, welche der Kunde selbst oder die Zentrale erfaßt, werden dem für den Kunden und die Artikelgruppe zuständigen Vertreter zugebucht.
- Die Addition der beiden Komponenten ergibt den Vertreterumsatz. Die Multiplikation mit dem Provisionssatz, den jeder Vertreter mit der Verkaufsleitung individuell aushandelt, ergibt die Provision des Vertreters.
- Vertreter, welche die Funktion der Regionalleitung übernehmen, erhalten zusätzlich zu ihrer Vertreterprovision eine Provision aus dem Umsatz ihrer Region.
- Daneben erhalten die Vertreter Ziele aus den direkten Führungsgrößen wie etwa "Anzahl neu gewonnener Kunden" oder "Anzahl Reklamationen von Kunden des Vertreters". Der Erfüllungsgrad dieser Ziele geht als weitere Komponente in das Gehalt ein.
- 1996 soll der Deckungsbeitrag den Umsatz als Bezugsgröße für die Provisionen ablösen.

## 2.9. Migrationsplan

Zur Realisierung der Geschäftsstrategie hat die UNTEL Projekte definiert, priorisiert und zeitlich festgelegt. Hier wird nur der Projektantrag für die Reorganisation des Verkaufs wiedergegeben:

2. Geschäftsstrategie

## Projektidentifikation

| Datum: 15.8.1994  Projekt-Nr.: 15 | Kurzbez.: REVERK |
|---|---|
| Bez.: **Reorganisation Verkauf UNTEL** | Dringlichkeit (hoch/mittel/tief): hoch |

## Funktionale Anforderungen

- Administrative Abwicklung des Kunden
  Sie umfaßt die Suche und Ansprache potentieller Kunden, die Aufnahme neuer Kunden sowie die Betreuung von Kunden.
- Administrative Erledigung der Aufträge
  Die administrative Erledigung der Aufträge ist im Verkauf auf die Akquisition, den Empfang und die Bearbeitung der Aufträge beschränkt. Die Ausführung der Aufträge (z. B. Kommissionierung, Verpackung oder Versand) übernimmt die Logistik.
- Analyse der Verkaufstätigkeit

Die Lösung soll folgende Konzepte beinhalten:
- Kreditwürdigkeitsprüfung
- Differenzierung von A-, B- und C-Artikeln im Lieferverfahren (Sofortlieferung, Lieferung in max. 14 bzw. 28 Tagen)
- Verlagerung der Auftragserfassung zu den Händlern
- Regionalisierung des Verkaufs
- Planung und Kontrolle von Führungsgrößen zur Steuerung und Gestaltung des Prozesses Verkauf

## Operationalisierte Projektziele

Der Verkauf hat diejenigen Führungsgrößen aus den Geschäftszielen in den Projektantrag übernommen, auf die das Projekt einen großen Einfluß hat.

| Führungsgröße | Zielmaß-stab | Ist 31.12.94 | 31.12.95 | Soll 31.12.96 | 31.12.97 |
|---|---|---|---|---|---|
| Debitorenverlust | % | 2 | 2 | 1.5 | 1 |
| Lagerumschlag | x-mal | 4 | 5 | 6 | 8 |
| Abwickl.kosten pro Auftrag | CHF | 180 | 165 | 100 | 80 |
| Umsatz | Mio. CHF | 70 | 72 | 80 | 90 |
| Marktanteil | % | 30 | 32 | 33 | 33 |
| Servicegrad aller Artikel | % | 55 | - | - | - |
| Servicegrad A-Artikel | % | - | - | 90 | 99 |
| Servicegeschwindigkeit | Tage | 22 | - | - | - |
| Servicegeschwind. A-Art. | Tage | - | - | 1.5 | 1 |
| Servicegeschwind. B-Art. | Tage | - | - | 16 | 14 |
| Servicegeschwind. C-Art. | Tage | - | - | 32 | 28 |
| Kundenbetreuung | Besuche | 2 | 2 | 2.5 | 3 |
| Angebotserfolg | % | 75 | 80 | 85 | 85 |
| Reklamationsquote | % | 12 | 10 | 9 | 7 |
| Kundenbeschwerden | Anzahl | 200 | 180 | 140 | 120 |
| Neukunden | Anzahl | 30 | 30 | 35 | 40 |

## Wirtschaftlichkeit

| Kosten/Nutzen (in 1'000 CHF) | 1994 | 1995 | 1996 | 1997 | 1998 | Summe |
|---|---|---|---|---|---|---|
| **Kosten** | **355** | **650** | **145** | **90** | **90** | **1'330** |
| Informatik & Organisation | 140 | 94 | 30 | 25 | 25 | 314 |
| Fachabteilung | 75 | 106 | 25 | 15 | 15 | 236 |
| Hard- u. Systemsoftware | 100 | 100 | 50 | 20 | 20 | 290 |
| Beratung / ext. Entwicklung | 40 | 350 | 40 | 30 | 30 | 490 |
| **Nutzen** | **0** | **124** | **977** | **1'950** | **2'270** | **5'321** |
| Reduktion Personalkosten | 0 | 0 | 200 | 200 | 400 | 800 |
| Reduktion Zinskosten | 0 | 124 | 167 | 250 | 270 | 811 |
| Gewinnbeitrag | 0 | 0 | 210 | 600 | 700 | 1'510 |
| Reduktion Debitorenverlust | 0 | 0 | 400 | 900 | 900 | 2'200 |
| **Total** | **-355** | **-526** | **832** | **1'860** | **2'180** | **3'991** |

## Anmerkungen zur Kosten-/Nutzenschätzung

- Reduktion Personalkosten
  Durch die Verlagerung der Auftragserfassung zu den Händlern lassen sich ab 1996 zwei Mitarbeiter und ab 1998 nochmals zwei Mitarbeiter im Verkauf einsparen.
- Reduktion Zinskosten
  Die Einführung der ABC-Klassifikation der Artikel führt zu einer Reduktion des Lagerbestandes. Die Zinsen reduzieren sich parallel zum erwarteten Lagerrückgang, der mit einem Zinssatz von 4 % bewertet wird.
- Gewinnbeitrag (Umsatzsteigerung * Umsatzrendite / 100)
  Der Gewinnbeitrag errechnet sich aus den Umsatzsteigerungen, die sich auf die erhöhte Beratungsqualität und den verstärkten Einsatz der Vertreter an der Verkaufsfront zurückführen lassen, sowie der Umsatzrendite.
- Reduktion Debitorenverlust
  Das Verkaufs-IS verbessert die Überwachung des Zahlungsverhaltens der Kunden. Insbesondere durch eine Kreditwürdigkeitsüberprüfung vor Annahme eines Auftrages lassen sich Debitorenverluste 1996 erstmals und 1997 nochmals um 0.5 % des Umsatzes reduzieren.

## Nicht operationalisierte Ziele

Kosten
- Das Projekt erfordert von den Führungskräften und Fachspezialisten im Vertrieb und in den anderen betroffenen Abteilungen einen Arbeitszeiteinsatz von insgesamt 415 Personentagen, die für die laufenden Aufgaben fehlen oder in Überzeit geleistet werden müssen.
- Das Projekt bindet über ein Jahr einen erheblichen Teil der Aufmerksamkeit.

Nutzen
- Die Verlagerung von Aufgaben zum Kunden erhöht die Kundenbindung.
- Die Vertreter werden von Routinearbeiten entlastet und können sich verstärkt der Beratung ihrer Kunden widmen.
- Die Marktanalyse verbessert die Ausschöpfung des Marktes und die Positionierung auf das richtige Marktsegment.
- Der Kunde kann sich auf eine schnelle und sichere Logistik verlassen.
- Die Mitarbeiter erwerben Know-how in der Systemgestaltung und verbessern die Bereitschaft gegenüber Veränderungen.

## Begrenzungen für das Projekt

- Personalreduktionen sind über die natürliche Fluktuation aufzufangen. Mitarbeiter dürfen nach Möglichkeit nicht gekündigt werden. Bei Bedarf werden Umschulungen angeboten.
- Die vorhandene Hardware- und Systemsoftware-Architektur ist durch den Konzern vorgegeben.

## Probleme und Risiken des Projektes

- Akzeptanz der Lösungen durch die Kunden
- Mangelhafte Bereitschaft zur Veränderung, insbesondere innerhalb des Verkaufs
- Realisierbarkeit der neuen Geschäftsstrategie (insbesondere Beratung als Marktleistung)

## Projektzusammenhänge

| | |
|---|---|
| Übergeordnetes Projekt: | |
| Rahmenprojekt "UNTEL 2000" | Nr. 5 |
| Abhängigkeit von anderen Projekten: | |
| • Projekt Kundendienst | Nr. 15 |
| Schnittstelle zu den Warenwirtschaftssystemen, welche die UNTEL für ihre Kunden betreibt | |
| • Projekt "Elektronischer Produktkatalog" | Nr. 16 |
| Schnittstellen Artikel, Kunde und Vertreter | |
| Voraussetzung für andere Projekte: | |
| - | |

## Projektphasen

| Teilaufgaben/Phasen/Schritte | Meilensteine |
|---|---|
| Prozeßentwurf | 30.09.1994 |
| Informationssystem-Entwurf | 30.11.1994 |
| Software-Entwurf | 15.01.1995 |
| Abnahmetest | 31.06.1995 |
| Schulung | 31.06.1995 |
| Einführung | 30.08.1995 |
| Inbetriebnahme | 31.09.1995 |

## Projektorganisation

| | | |
|---|---|---|
| Steuerungsgremium: Vertriebsleiter (zukünftiger Leiter Verkauf & Beratung), Vertreter Müller (zukünftiger regionaler Leiter Verkauf & Beratung), Vertreter Bart und Schwätzer sowie Leiter Informatik & Organisation | | |
| Projektleiter: H. Schulz (Disposition) | | |
| Projektaufgabe: | Name: | Personentage: |
| Prozeßentwurf | H. Schulz | 15 PT |
| | D. Meier (Organisation) | 20 PT |
| | S. Müller (Vertreter) | 25 PT |
| Informationssystem-Entwurf | S. Müller | 10 PT |
| | D. Meier | 20 PT |
| | S. Nolte (Organisationsprogrammierer) | 20 PT |
| Software-Entwurf | H. Schulz | 50 PT |
| | D. Meier | 60 PT |
| | S. Nolte | 75 PT |
| Abnahmetest | H. Schulz | 2 PT |
| | S. Nolte | 4 PT |
| | S. Müller | 8 PT |
| Schulung | H. Schulz | 1 PT |
| | S. Nolte | 7 PT |
| | S. Müller | 8 PT |
| | Verkauf Zentrale (2 MA) | 6 PT (je 3 PT) |
| | Verkauf Regionen (3 MA) | 9 PT (je 3 PT) |
| | Verkaufsunterstützung (2 MA) | 4 PT (je 2 PT) |
| | Vertreter (20 MA) | 40 PT (je 2 PT) |
| Einführung | H. Schulz | 2 PT |
| | S. Nolte | 12 PT |
| | L. Luzifer (Organisation) | 12 PT |
| Inbetriebnahme | S. Müller | 1 PT |
| | S. Nolte | 2 PT |
| | L. Luzifer | 2 PT |

**Auftraggeber**

(mit Verantwortung für Kosten/Nutzen und Termine)

| Abteilung: Geschäftsleitung | Name: C. Huber-Böllenscheidt |
|---|---|
| Datum: 17.8.1994 | *Unterschrift:* |

## 2.10. Weiterführende Literatur

Weiterführende Literatur zum Thema "Entwicklung von Geschäftsstrategien" findet sich bei [Chakravarthy/Lorange 1991], [Hax/Majluf 1991], [Hinterhuber 1992], [Malik 1981], [Porter 1985 und 1988], [Pümpin 1992], [Rowe et al. 1989], [Ulrich 1990] und [Wiseman 1988].

# 3. Prozeß

Die Ebene Prozeß entwirft die Prozesse, die in der Strategie bestimmt wurden, im Detail (vgl. Bild 3./1).

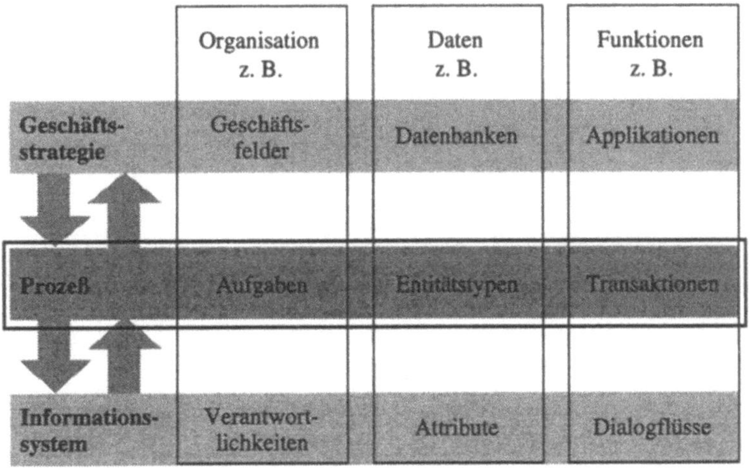

|  | Organisation z. B. | Daten z. B. | Funktionen z. B. |
|---|---|---|---|
| Geschäftsstrategie | Geschäftsfelder | Datenbanken | Applikationen |
| Prozeß | Aufgaben | Entitätstypen | Transaktionen |
| Informationssystem | Verantwortlichkeiten | Attribute | Dialogflüsse |

*Bild 3./1: Prozeß als Ebene des Business Engineerings*

Die *Ebene Prozeß* leitet aus der Strategie die Leistungen, den Ablauf, die Computerunterstützung und die Führungsmittel ab und detailliert die Organisationsstruktur. Der Schwerpunkt liegt auf der organisatorischen Sicht (Prozeß).

Dieses Kapitel dokumentiert (auszugsweise) die Ergebnisse des Projekts "Reorganisation Verkaufsprozeß UNTEL".

## 3.1. Prozeßvision

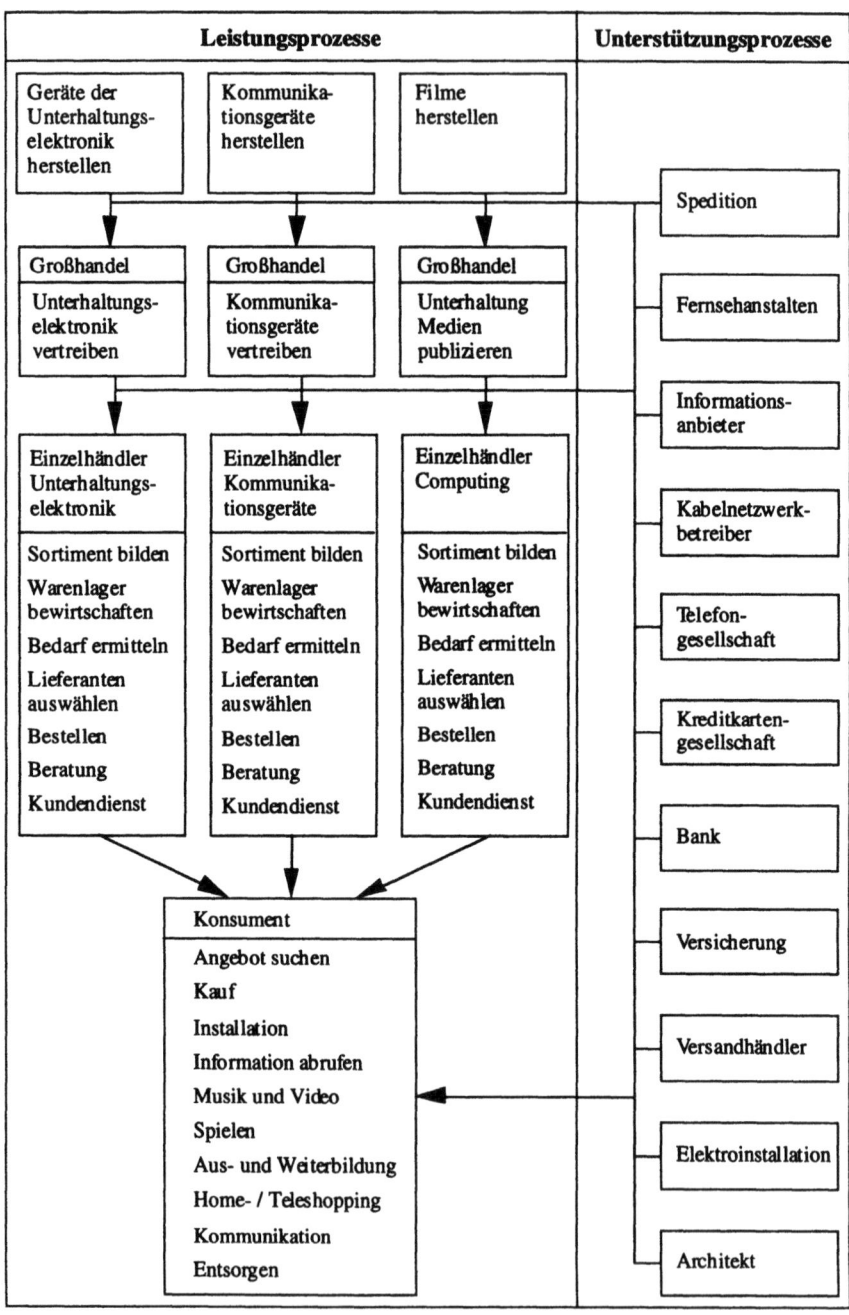

*Bild 3.1./1: Sektornetzwerk*

| Idee | Aufgaben |
| --- | --- |
| Beschreibung der Lösung | |
| *Periodischer Marktforschungsbericht für Händler* | Markt analysieren<br>Abverkauf analysieren<br>Verkaufsstrategie beraten |
| Aus den Paneldaten des Marktforschungsinstituts sowie aus den Abverkäufen der UNTEL-Kunden ermittelt eine Aufgabe "Abverkauf analysieren" Verkaufszahlen nach Herstellern, nach Geschäftstypen, nach Regionen und nach Produktkategorien. In der Aufgabe "Verkaufsstrategie beraten" diskutiert der Vertreter diese vierteljährlichen Berichte mit den Kunden. | |
| *Warenwirtschaftssystem für Händler* | Warenlager bewirtschaften (Händler) |
| Die UNTEL bietet dem Händler gegen Bezahlung ein Warenwirtschaftssystem an, das aus den Abverkäufen der Scanner-Kasse sowie den Lieferungen der UNTEL den Soll-Lagerbestand ermittelt, die üblichen Lagerhaltungsfunktionen (z. B. Inventur) abdeckt und Bedarfsprognosen aufgrund der eigenen Abverkäufe erstellt. | |
| *Beschaffungsvorschlag für Händler* | Markt analysieren<br>Abverkauf analysieren<br>Beschaffung vorschlagen |
| Auf Basis der Abverkaufszahlen aller UNTEL-Händler, der Marktforschungsdaten und der Verkaufsprognosen der UNTEL International sowie aus den Abverkaufszahlen des einzelnen Händlers prognostiziert die UNTEL den Absatz des Händlers und leitet daraus einen Beschaffungsvorschlag ab. | |
| *Elektronischer Produktkatalog für Händler* | Artikelauswahl (Händler)<br>Auftrag erteilen (Händler)<br>Auftrag akquirieren |
| Der elektronische Produktkatalog ersetzt den Papierkatalog und bietet darüber hinaus zusätzliche Funktionalität wie etwa ausführliche Detailbeschreibungen, vielfältige Suchmöglichkeiten und Hilfen zur Konfiguration von Anlagen. | |
| *Erfolgsorientierte Verkaufsführung* | Verkaufsprozeß führen |
| Die erfolgsorientierte Verkaufsführung ist eine Erfolgsrechnung (finanzielle Führungsgrößen) nach Produkten, Kunden und Vertretern sowie ein Instrument zur Prozeßbeurteilung (Geschwindigkeit, Fehler usw.). | |
| *Fremdsortimente* | Sortimentsverwaltung<br>Lieferantensuche<br>Katalogpflege |
| Das Sortiment der UNTEL wird um Nicht-UNTEL-Produkte erweitert. Insbesondere sind dies Artikel, welche die UNTEL nicht herstellt. | |
| *Verkaufskosten* | Auftrag akquirieren |
| Die Beseitigung verzichtbarer Aufgaben im Verkaufsprozeß und die möglichst weitgehende maschinelle Verkaufsabwicklung (z. B. Auftragserfassung beim Kunden) sollen die Kosten senken und damit konkurrenzfähige Preise ermöglichen. | |

*Bild 3.1./2: Ideensammlung (Auszug)*

| *Idee* | **Aufgaben** |
|---|---|
| **Beschreibung der Lösung** | |
| *Produktkatalog für Konsumenten* | Sortimentsverwaltung |
| | Katalogpflege |
| Die UNTEL bietet einen Katalog für Unterhaltungselektronik direkt den Konsumenten an, die darin Geräte und Zubehör, aber auch Videos, CDs usw. selektieren können. Aufgrund ihrer weltweiten Präsenz sind die Kosten zur Pflege der Produktdatenbank für die UNTEL gering. | |
| *Direktlieferung an Konsumenten* | Logistik (UNTEL) |
| | Kundendienst (Händler) |
| | Spedition |
| Der Händler konfiguriert einen Auftrag auf Basis des elektronischen Produktkatalogs. Er hält die Ware nicht mehr selbst auf Lager und transportiert sie zum Kunden, sondern übermittelt den Auftrag an die UNTEL, die den Auftrag komplett innerhalb von 24 h über eine Spedition an den Kunden ausliefert. Im Bedarfsfall beauftragt sie einen Elektroinstallateur mit der Installation. | |
| *Elektronischer Produktkatalog für Anbieter (Hersteller)* | Produktkatalog verwalten |
| Über den elektronischen Produktkatalog bietet die UNTEL Herstellern einen direkten und preisgünstigen Absatzkanal zum Einzelhändler und später gegebenenfalls zum Konsumenten. Der Aufwand für die UNTEL besteht in der Bereitstellung der Software zum Einfügen eines Sortiments sowie zur Weiterleitung von Bestellungen. Das UNTEL-Netzwerk müßte aber mit einem Branchen-Netzwerk des Handels konkurrieren. | |
| *Gemeinsame Vertriebsorganisation* | Verkauf |
| Die UNTEL kann ihren Verkaufsprozeß in eine Kooperation mit anderen Vertriebsgesellschaften einbringen, die ähnliche organisatorische Rahmenbedingungen besitzen, und so Synergien nutzen. | |
| ... | ... |
| ... | |

*Bild 3.1./2: Ideensammlung (Auszug, Fortsetzung)*

| Strategiepunkt<br>Grundsatz | Prio-<br>rität |
|---|---|
| *Segmentierungen*<br>Differenzierung nach Produkt- und Kundensegmenten:<br>Der Prozeß Verkauf unterscheidet weder Produkt- noch Kundensegmente. Die Logistikklassen (vgl. Band 2, Punkt 2.5.5.) werden im Verkauf gleich behandelt. | - |
| *Primäre Organisationsstruktur*<br>Outsourcing des Verkaufs:<br>Der Verkauf wird nicht aus der UNTEL ausgelagert. | - |
| Outsourcing der Logistik:<br>Derzeit gibt es zwei konkurrierende Ideen. Die erste sieht eine UNTEL-spezifische, gesamteuropäisch auf drei Zentren konzentrierte Logistik vor. Die zweite prüft das Zusammenlegen der Logistik in der Schweiz mit zwei befreundeten Unternehmen. Die Entscheidung ist offen. | ? |
| Aufwand in Personentagen pro Jahr:<br>Senkung des Aufwandes für "Aufträge akquirieren" von 3'000 auf 2'000. | 1 |
| *Absatzkanäle*<br>Produktkatalog für Konsumenten:<br>S. Ideensammlung. Derzeit im Markt nicht durchsetzbar. | 3 |
| *Produkte*<br>Fremdsortimente:<br>Das UNTEL-Sortiment wird um Nicht-UNTEL-Produkte erweitert, sobald eine elektronische Abwicklung vom Produktkatalog über die Auftragserfassung bis zur Auftragsweitergabe an die Zulieferanten sowie die damit verbundene Verrechnung realisiert ist, so daß die Abwicklungskosten innerhalb der UNTEL gering sind. | 2 |
| *Dienstleistungen*<br>Warenwirtschaftssystem:<br>S. Ideensammlung. | 1 |
| Beschaffungsvorschlag für Händler:<br>S. Ideensammlung. | 2 |
| Elektronischer Produktkatalog für Händler:<br>Projektiert. | 1 |
| Periodischer Marktforschungsbericht:<br>Verschoben. | 3 |
| Direktlieferung an Konsumenten:<br>S. Ideensammlung. Vorstudie vergeben. | 2 |
| *Finanzielle Führungsgrößen*<br>Erfolgsrechnung des Prozesses Verkauf nach Kunden, Produkten und Vertretern. | 1 |
| *Direkte Führungsgrößen*<br>Direkte Führungsgrößen wie in Geschäftsstrategie formuliert. | 1 |
| ... | ... |

*Bild 3.1./3: Prozeßgrundsätze (Auszug)*

## 3.2. Leistungen

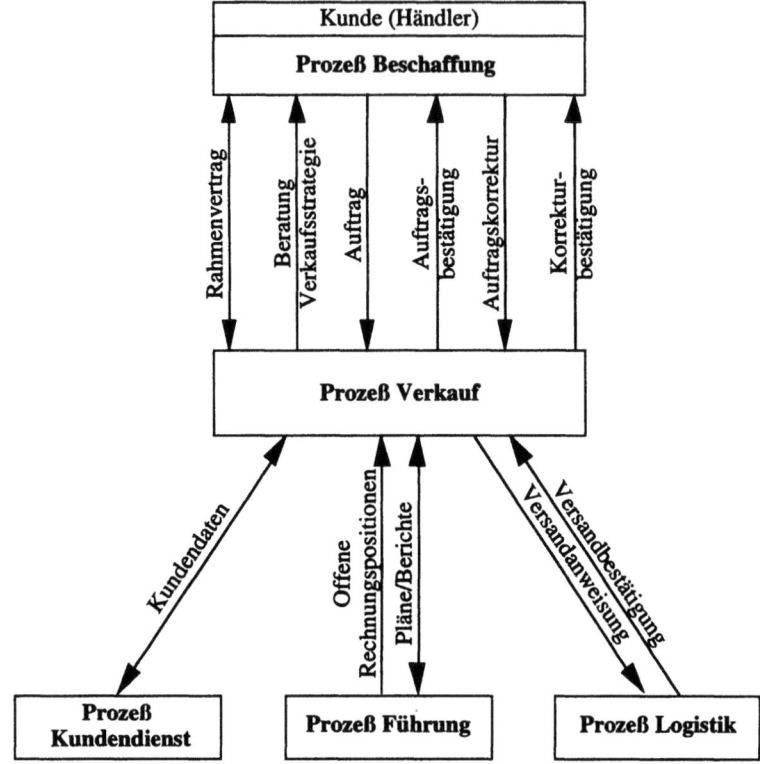

*Bild 3.2./1: Kontextdiagramm (Soll)*

| Leistung | Beschreibung |
|---|---|
| Auftrag | Einzelauftrag des Händlers per Vertreter, Telefon/Brief/Fax, Online-Terminal oder EDIFACT (Elektr. Produktkatalog oder Warenwirtschaftssystem) |
| Auftragsbestätigung | Bestätigung des Auftrags per Telefon/Brief/Fax, Online-Terminal oder EDIFACT |
| Auftragskorrektur | Auftragskorrektur des Händlers per Telefon/Brief/Fax oder EDIFACT |
| Beratung Verkaufsstrategie | Unentgeltliche Beratung des Händlers bei der Entwicklung seiner Verkaufsstrategie durch Bereitstellung einer Marktanalyse, Hilfe bei der Positionierung seiner Waren, der Zusammenstellung seines Sortiments und der Auswahl seiner Waren |
| Korrekturbestätigung | Bestätigung der Auftragskorrektur per Telefon/Brief/Fax oder EDIFACT |
| Kundendaten | Aktuelle Daten zu Kunden (Datenbank) |
| Offene Rechnungspositionen | Summe der offenen Rechnungspositionen pro Kunde (Datenbank) |
| Pläne und Berichte | Pläne und Berichte zu den Führungsgrößen des Prozesses (Datenbank) |
| Rahmenvertrag | Schriftliche Grundsatzvereinbarung zwischen der UNTEL und dem Kunden über Lieferbedingungen und -konditionen |
| Versandanweisung | Freigabe eines Auftrags zur Auslieferung (Datenbank) |
| Versandbestätigung | Bestätigung der Auslieferung eines Auftrags (Datenbank) |

*Bild 3.2./2: Leistungsverzeichnis (Soll)*

# 3. Prozeß

| Leistungsbestandteile | Bedeutung | vor-handen | | | | | fehlt |
|---|---|---|---|---|---|---|---|
| Bereitstellung Marktanalyse | ● | | | | | | |
| Positionierung der Ware | ● | | | | | | |
| Sortimentszusammenstellung | ● | | | | | | |
| Elektronischer Produktkatalog | ● | | | | | | |

| Leistungsmerkmale | Bedeutung | voll erfüllt | | | | | nicht erfüllt |
|---|---|---|---|---|---|---|---|
| Kompetenz der Vertreter | ● | | | | | | |
| Besuchsrhythmus | ● | | | | | | |
| Beratungszeit | ● | | | | | | |

Legende:
――― Eigenes Unternehmen (UNTEL)
----- Wichtigster Konkurrent (MITECH)

*Bild 3.2./3: Qualitätsprofil Leistung "Beratung Verkaufsstrategie"*

## 3.3. Aufgabenketten

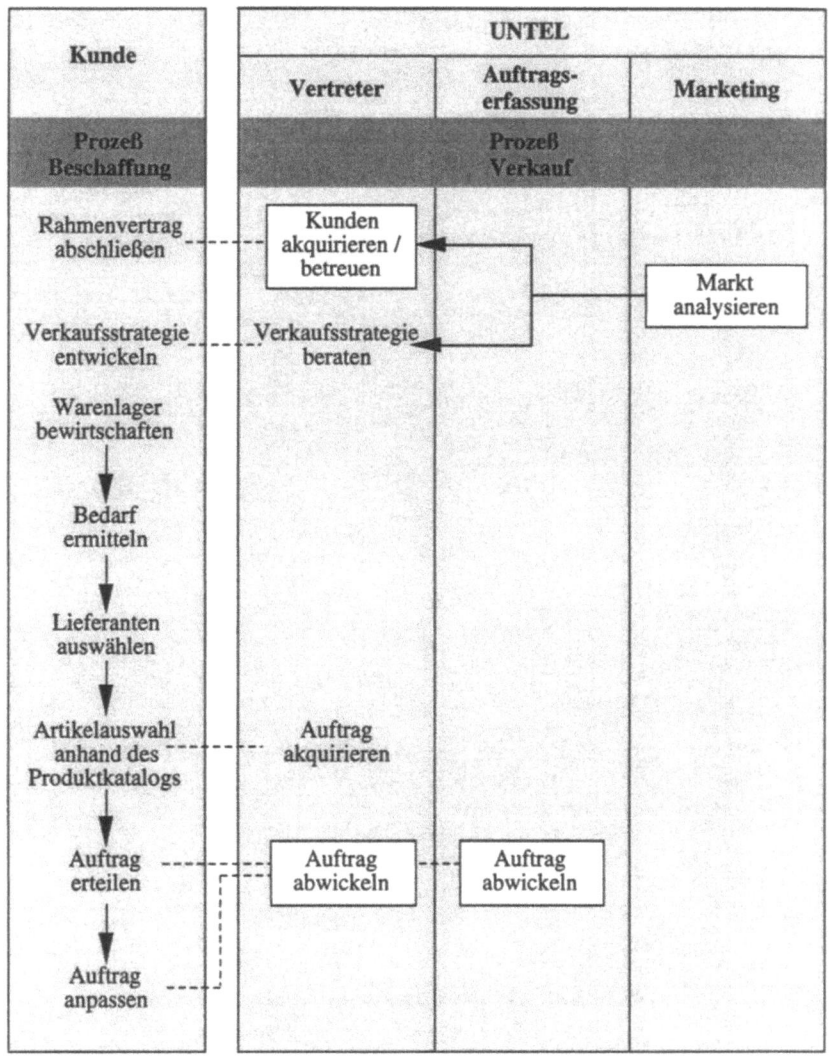

*Bild 3.3./1: Aufgabenkette Prozeß Verkauf (Ist)*

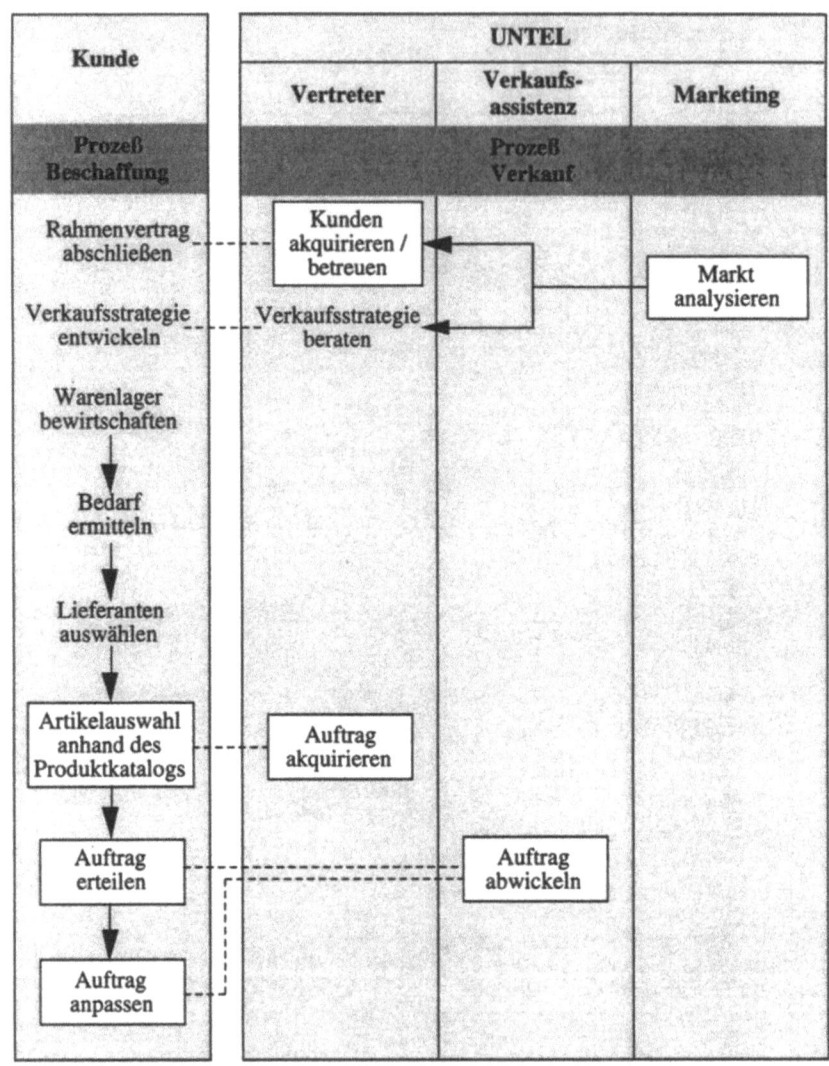

*Bild 3.3./2: Aufgabenkette Prozeß Verkauf (Soll)*

## 3.3. Aufgabenketten 67

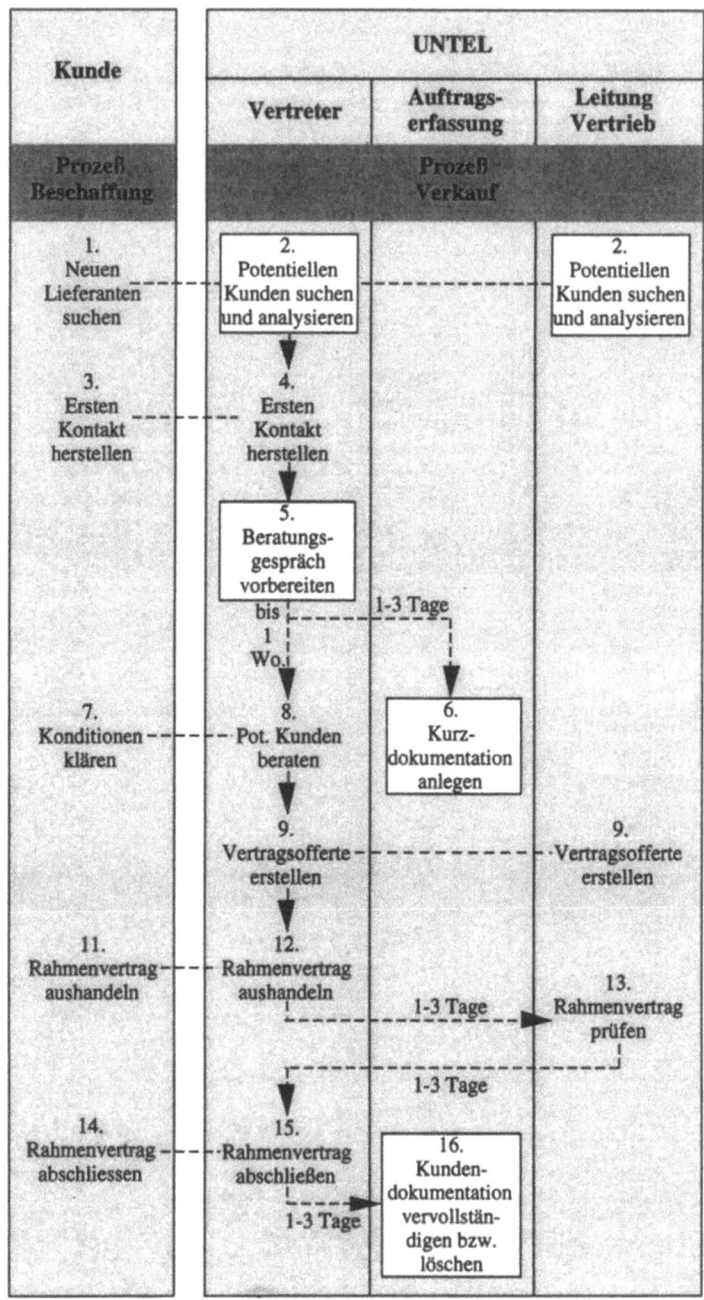

*Bild 3.3./3: Aufgabenkette Teilprozeß "Kunde akquirieren" (Ist)*

68    3. Prozeß

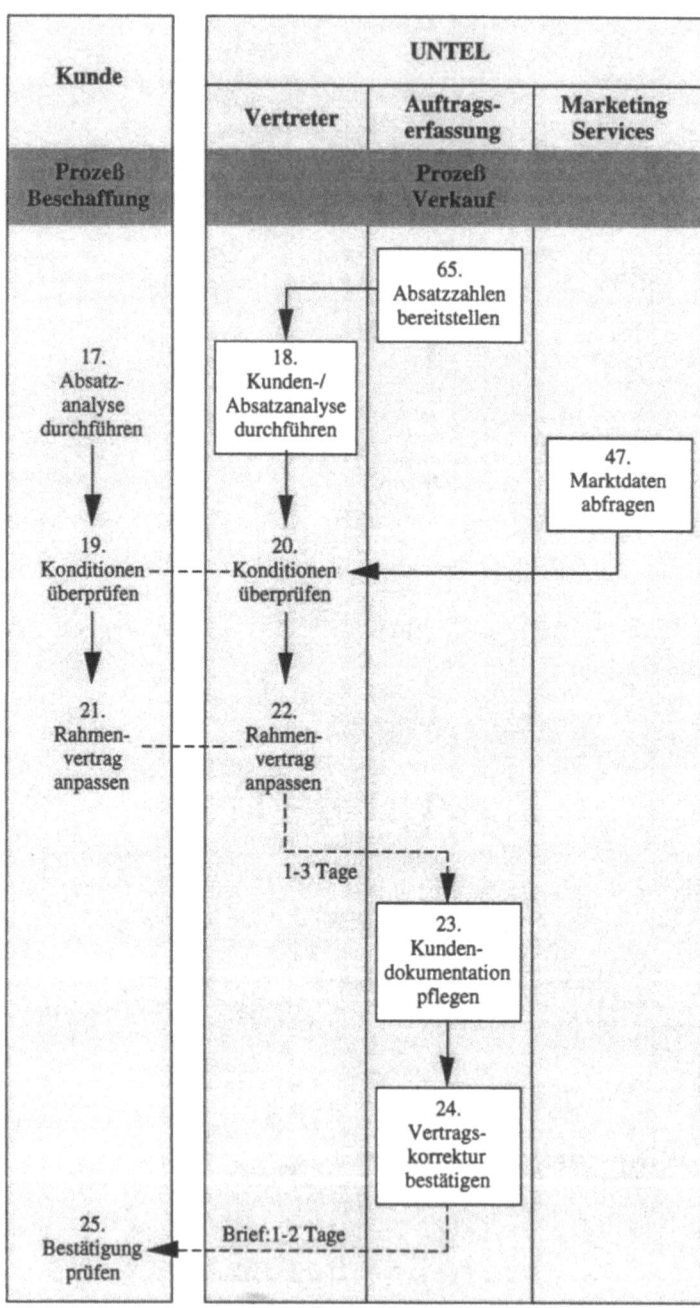

*Bild 3.3./4. Aufgabenkette Teilprozeß "Kunde betreuen" (Ist)*

## 3.3. Aufgabenketten 69

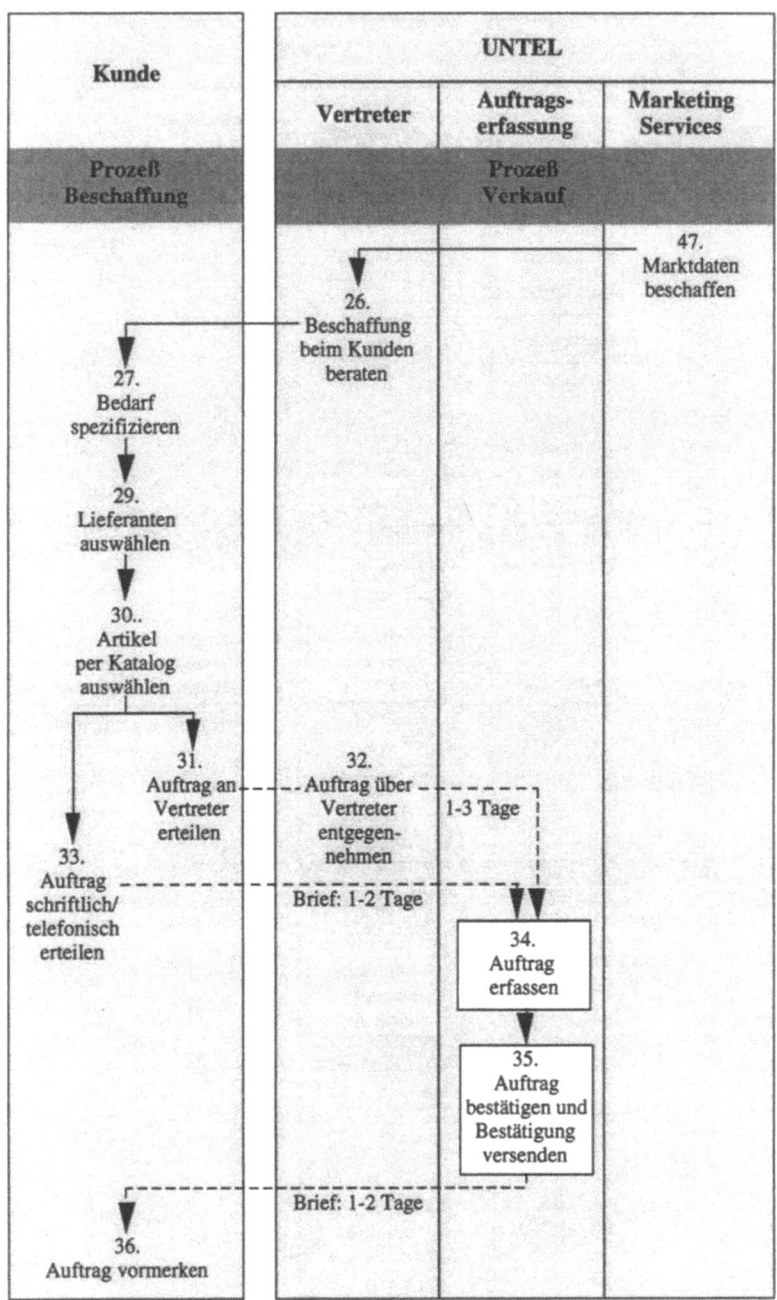

*Bild 3.3./5: Aufgabenkette Teilprozeß "Auftrag akquirieren" (Ist)*

70  3. Prozeß

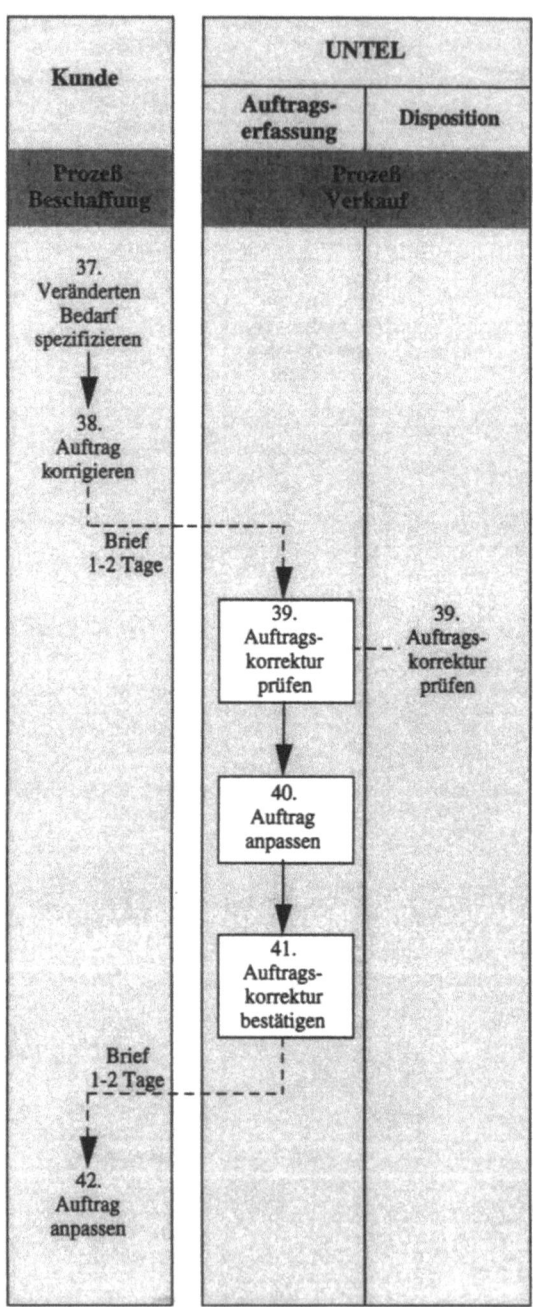

*Bild 3.3./6: Aufgabenkette Teilprozeß "Auftrag anpassen" (Ist)*

## 3.3. Aufgabenketten 71

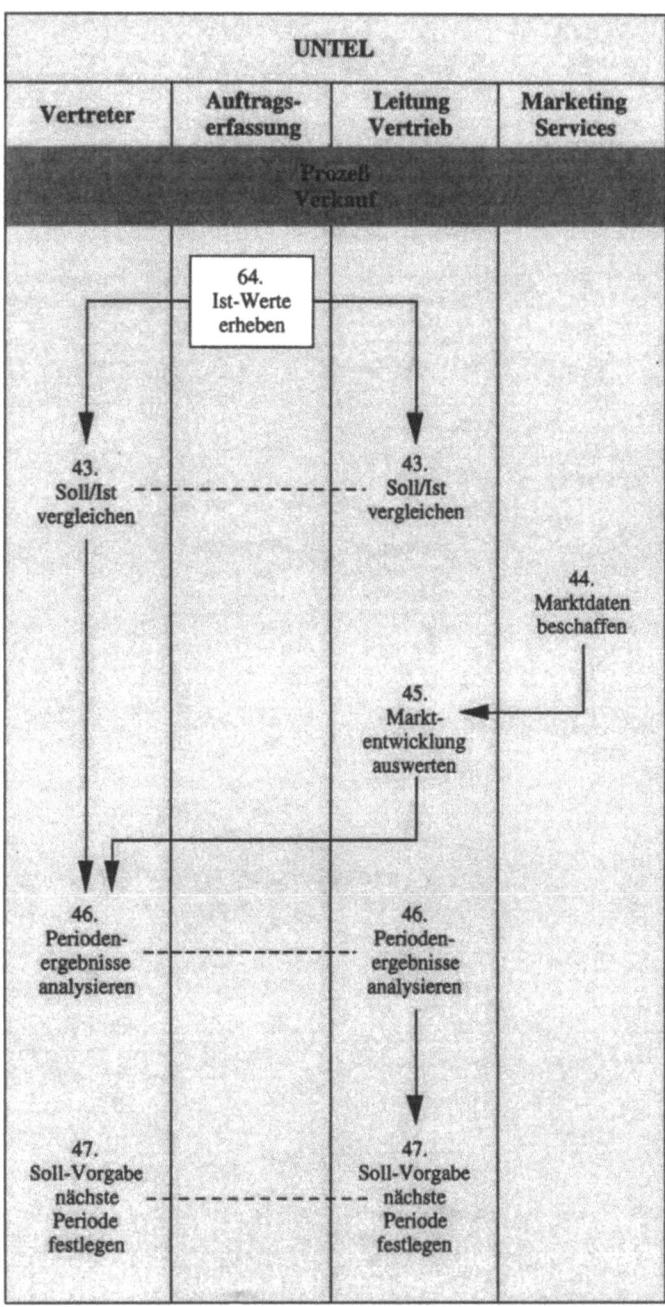

*Bild 3.3./7: Aufgabenkette Teilprozeß "Verkaufsprozeß führen" (Ist)*

## 72 3. Prozeß

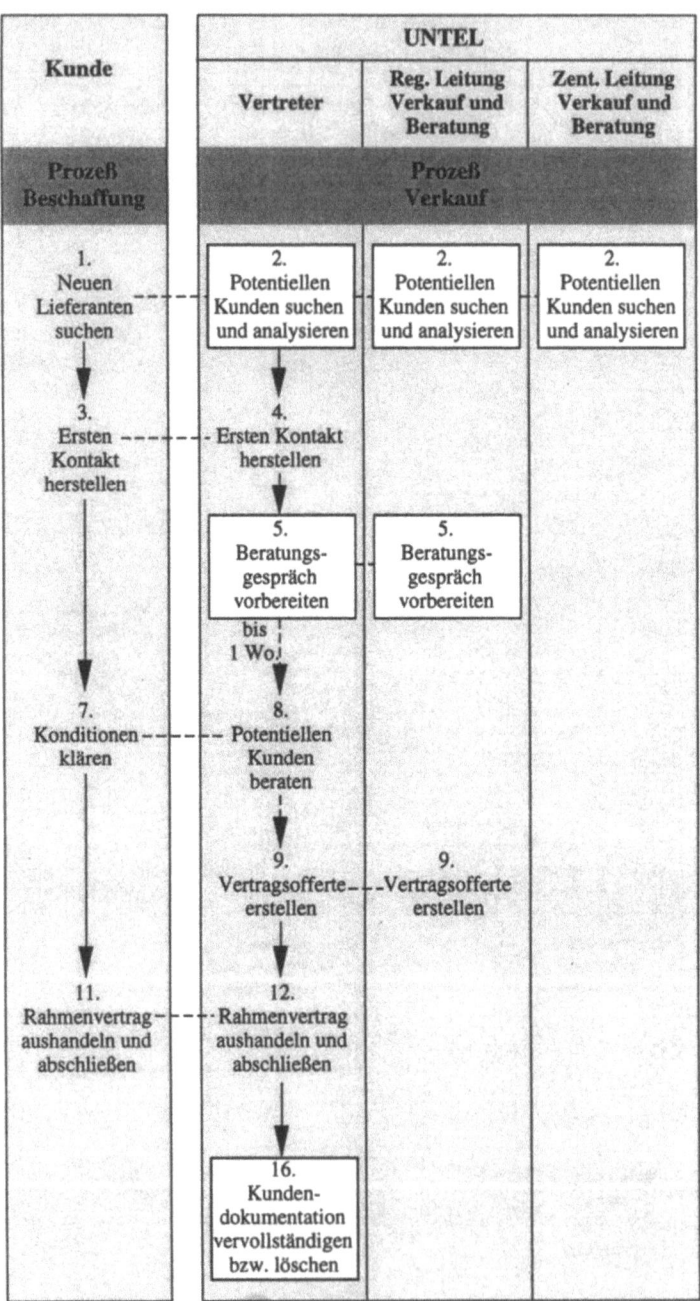

*Bild 3.3./8: Aufgabenkette Teilprozeß "Kunde akquirieren" (Soll)*

3.3. Aufgabenketten 73

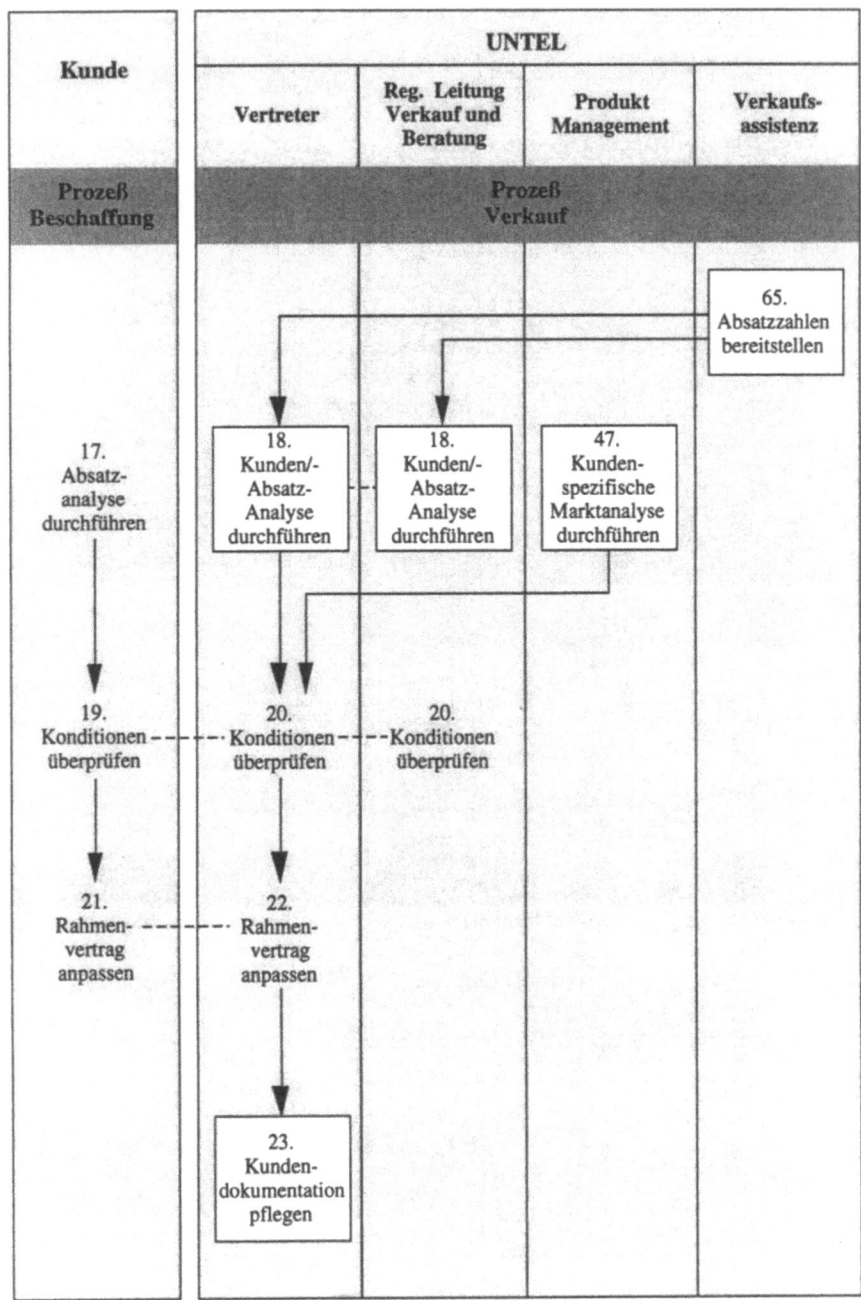

Bild 3.3./9: Aufgabenkette Teilprozeß "Kunde betreuen" (Soll)

74   3. Prozeß

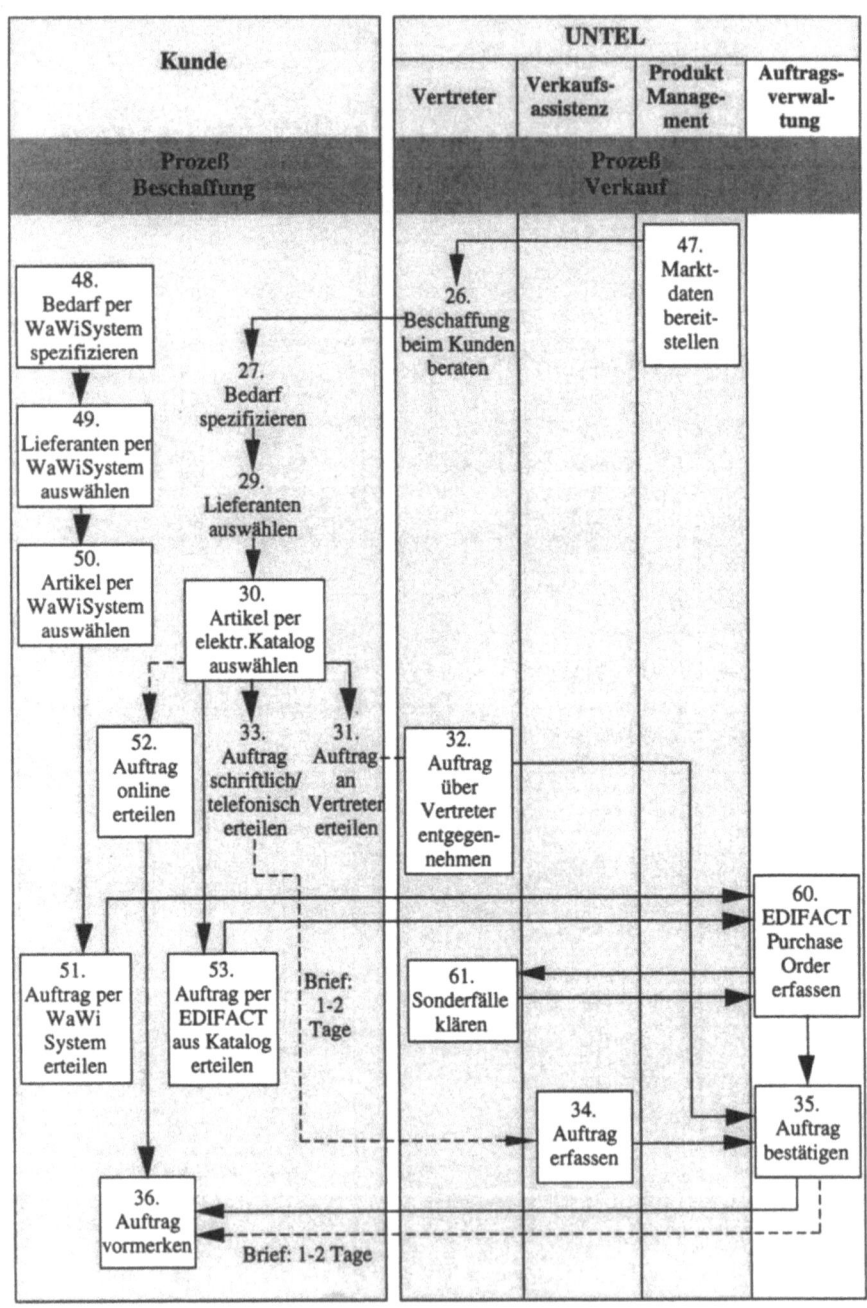

*Bild 3.3./10: Aufgabenkette Teilprozeß "Auftrag akquirieren" (Soll)*

3.3. Aufgabenketten 75

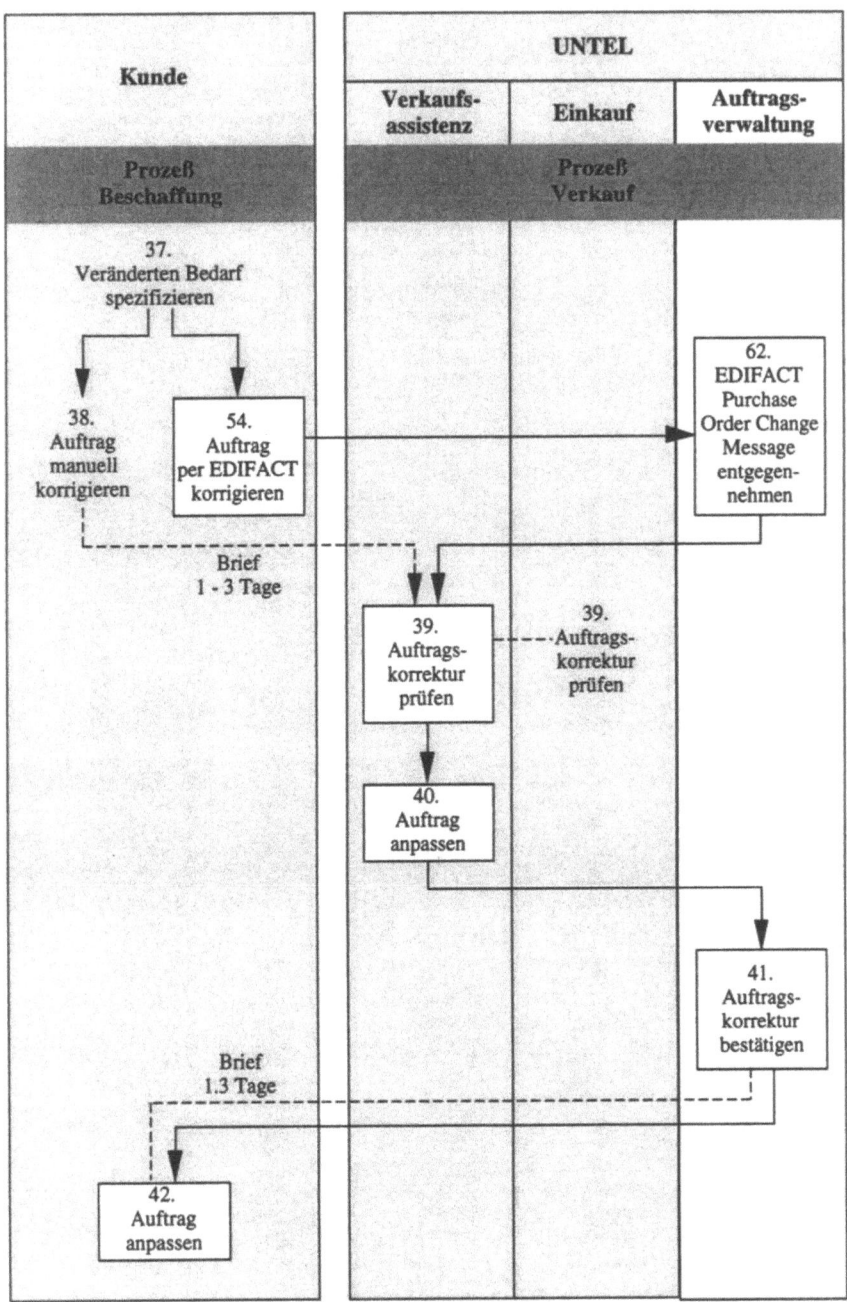

Bild 3.3./11: Aufgabenkette Teilprozeß "Auftrag anpassen" (Soll)

# 76 3. Prozeß

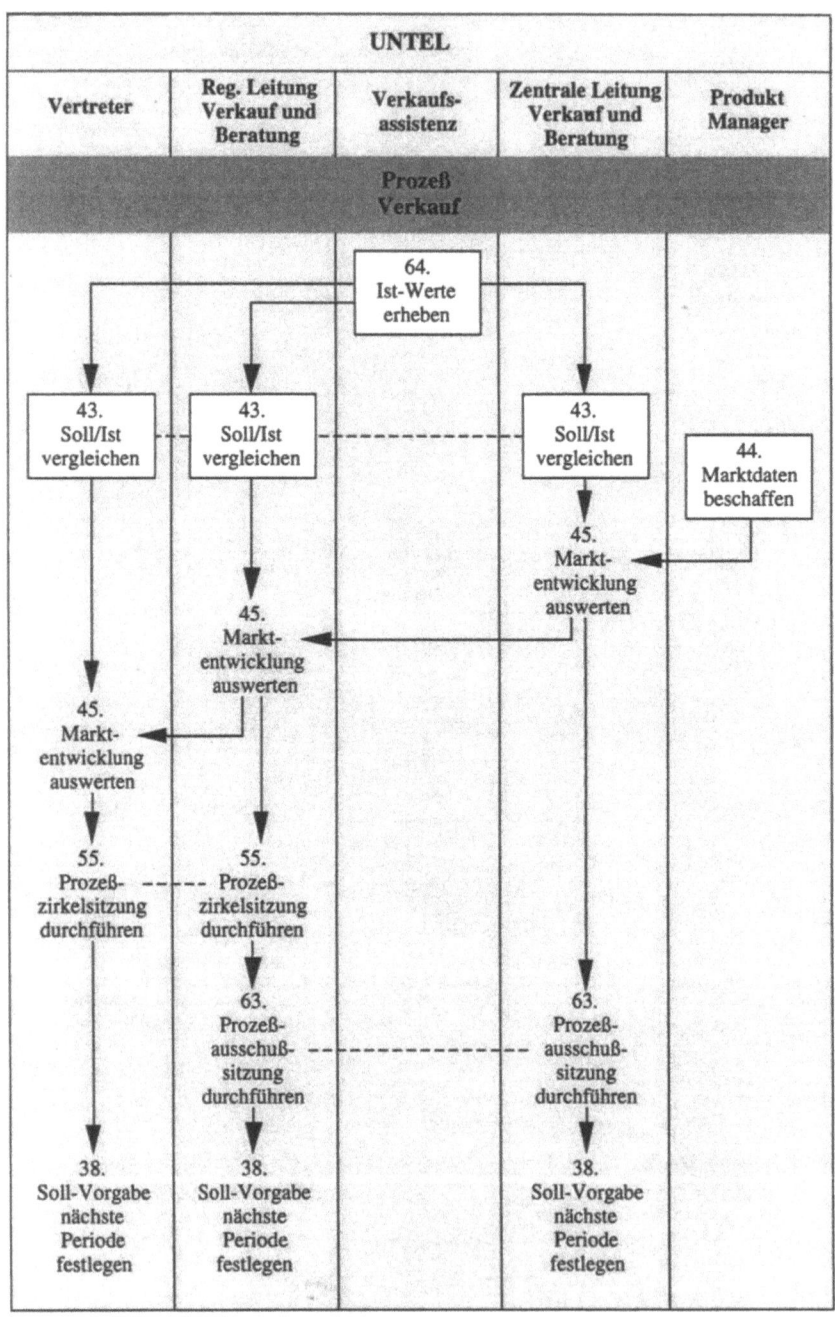

*Bild 3.3./12: Aufgabenkette Teilprozeß "Verkaufsprozeß führen" (Soll)*

## 3.3. Aufgabenketten

| Nr | Aufgabe[1] | OE[2] | Computerunterstützung (grob)[3] | Häufigkeit (pro Jahr)[4] | Zeitbedarf (h)[5] | Aufwand (h/Jahr)[6] |
|---|---|---|---|---|---|---|
| 2 | Potentiellen Kunden suchen und analysieren | V, VT | Branchenspezifische Adreßdatenbank auf CD-ROM | 120 | 14 | 1'680 (840+840) |
| 4 | Ersten Kontakt herstellen | VT | | 100 | 1 | 100 |
| 5 | Beratungsgespräch vorbereiten | VT | | 100 | 0.5 | 50 |
| 6 | Kurzdokumentation anlegen | AE | Kundendaten erfassen | 100 | 0.25 | 25 |
| 8 | Potentiellen Kunden beraten | VT | | 70 | 4 | 280 |
| 9 | Vertragsofferte erstellen | V, VT | | 70 | 1 | 70 (35+35) |
| 12 | Rahmenvertrag aushandeln | VT | | 70 | 0.5 | 35 |
| 13 | Rahmenvertrag prüfen | V | | 30 | 1 | 30 |
| 15 | Rahmenvertrag abschließen | VT | | 30 | 3 | 90 |
| 16 | Kundendokumentation vervollständigen bzw. löschen | AE | Stammdaten vervollständigen | 100 | 0.5 | 50 |

1 Das Ist-Mengengerüst bezieht sich auf 31.12.1994, das Mengengerüst für das Soll auf den 31.12.1997.

2 Ausführende Organisationseinheit (bzw. Computer).

3 Für den Ist-Ablauf ist die Computerunterstützung nur grob beschrieben, für den Soll-Ablauf sind Applikationen und, wenn möglich, auch Transaktionen den unterstützten Aufgaben konkret zugeordnet.

4 Häufigkeit der Ausführung der Aufgabe pro Jahr.

5 Zeitbedarf pro Ausführung der Aufgabe im Mittel in Stunden.

6 Aggregierter Aufwand für die Aufgabe in Stunden pro Jahr. Sind in eine Aufgabe mehrere Organisationseinheiten des eigenen Unternehmens einbezogen, ist in Klammern der Aufwand pro Organisationseinheit (in der Reihenfolge der Nennung in der Spalte OE) extra ausgewiesen.

*Bild 3.3./13: Aufgabenverzeichnis Teilprozeß "Kunde akquirieren" (Ist)*

| Nr | Aufgabe | OE | Computerunter-stützung (grob) | Häufigkeit (pro Jahr) | Zeitbedarf (h) | Aufwand (h/Jahr) |
|---|---|---|---|---|---|---|
| 65 | Absatzzahlen bereitstellen | AE | Umsatz pro Vertreter/ Kunde/Artikel/Artikelgruppe | 6 | 8 | 48 |
| 47 | Marktdaten abfragen | MS | Nielsen-Informationssystem | 6 | 16 | 96 |
| 18 | Kunden-/Absatzanalyse durchführen | VT | | 120 | 16 | 1'920 |
| 20 | Konditionen überprüfen | VT | | 800 | 3 | 2'400 |
| 22 | Rahmenvertrag anpassen | VT | | 100 | 1 | 100 |
| 23 | Kundendokumentation pflegen | AE | Stammdaten korrigieren und löschen | 100 | 0.15 | 15 |
| 24 | Vertragskorrektur bestätigen | AE | Korrektur bestätigen | 100 | 0.1 | 10 |

*Bild 3.3./14: Aufgabenverzeichnis Teilprozeß "Kunde betreuen" (Ist)*

| Nr | Aufgabe | OE | Computerunter-stützung (grob) | Häufigkeit (pro Jahr) | Zeitbedarf (h) | Aufwand (h/Jahr) |
|---|---|---|---|---|---|---|
| 47 | Marktdaten beschaffen | MS | | 6 | 16 | 96 |
| 26 | Beschaffung beim Kunden beraten | VT | | 3'000 | 3 | 9'000 |
| 32 | Auftrag über Vertreter entgegennehmen | VT | | 9'000 | 1 | 9'000 |
| 34 | Auftrag erfassen | AE | Auftrag erfassen (inkl. Verfügbarkeitsprüfung) | 15'000 | 0.25 | 3'750 |
| 35 | Auftrag bestätigen und Bestätigung versenden | AE | Bestätigung drucken | 15'000 | 0.25 | 3'750 |

*Bild 3.3./15: Aufgabenverzeichnis Teilprozeß "Auftrag akquirieren" (Ist)*

| Nr | Aufgabe | OE | Computerunter-stützung (grob) | Häufigkeit (pro Jahr) | Zeitbedarf (h) | Aufwand (h/Jahr) |
|----|---------|-----|------------------------------|----------------------|----------------|------------------|
| 39 | Auftragskorrektur prüfen | AE, DI | Auftrag anzeigen | 4'500 | 0.25 | 1'125 (700+425) |
| 40 | Auftrag anpassen | AE | Auftrag korrigieren und stornieren | 3'000 | 0.35 | 1'050 |
| 41 | Auftragskorrektur bestätigen | AE | Bestätigung drucken | 3'000 | 0.25 | 750 |

*Bild 3.3./16: Aufgabenverzeichnis Teilprozeß "Auftrag anpassen" (Ist)*

| Nr | Aufgabe | OE | Computerunter-stützung (grob) | Häufigkeit (pro Jahr) | Zeitbedarf (h) | Aufwand (h/Jahr) |
|----|---------|-----|------------------------------|----------------------|----------------|------------------|
| 64 | Ist-Werte erheben | AE | Umsatz pro Vertreter/Kunde/Artikel(-gruppe) | 6 | 8 | 48 |
| 43 | Soll/Ist vergleichen | V, VT | | 6 | 77 | 462 (242+220) |
| 44 | Marktdaten beschaffen | MS | | 6 | 8 | 48 |
| 45 | Marktentwicklung auswerten | V | | 6 | 40 | 240 |
| 46 | Periodenergebnisse analysieren | V, VT | | 6 | 100 | 600 (80+520) |
| 47 | Soll-Vorgabe nächste Periode festlegen | V, VT | | 6 | 41 | 246 (46+200) |

*Bild 3.3./17: Aufgabenverzeichnis Teilprozeß "Verkaufsprozeß führen" (Ist)*

| Nr | Aufgabe | OE | Applikation/ Transaktion | Häufigkeit (pro Jahr) | Zeitbedarf (h) | Aufwand (h/Jahr) |
|---|---|---|---|---|---|---|
| 2 | Potentiellen Kunden suchen und analysieren | VZ, VR, VT | Branchenspezifische Adreßdatenbank auf CD-ROM Nielsen-Informationssystem | 120 | 40 | 480 (160+160+160) |
| 4 | Ersten Kontakt herstellen | VT | | 100 | 1 | 100 |
| 5 | Beratungsgespräch vorbereiten | VR, VT | KV/Potentiellen Kunden erfassen | 100 | 0.5 | 50 (30+20) |
| 8 | Potentiellen Kunden beraten | VT | | 100 | 4 | 400 |
| 9 | Vertragsofferte erstellen | VR, VT | | 100 | 2 | 200 (50+150) |
| 12 | Rahmenvertrag aushandeln und abschließen | VT | | 40 | 4 | 160 |
| 16 | Kundendokumentation vervollständigen bzw. löschen | VT | KV/Potentiellen Kunden anzeigen KV/Kunde aufnehmen KV/Kundenstammdaten kopieren KV/Potentiellen Kunden löschen | 100 | 0.5 | 50 |

*Bild 3.3./18: Aufgabenverzeichnis Teilprozeß "Kunde akquirieren" (Soll)*

## 3.3. Aufgabenketten 81

| Nr | Aufgabe | OE | Applikation/ Transaktion | Häufigkeit (pro Jahr) | Zeitbedarf (h) | Aufwand (h/Jahr) |
|---|---|---|---|---|---|---|
| 65 | Absatzzahlen bereitstellen | VA | VF/Regionenumsatz in Zeitabschnitt ermitteln VF/Vertreterumsatz in Zeitabschnitt ermitteln VF/Kundenumsatz in Zeitabschnitt ermitteln VF/Umsatz pro Artikel (-gruppe) in Zeitabschnitt | 6 | 8 | 48 |
| 18 | Kunden-/Absatz- analyse durch- führen | VR, VT | Tabellenkalkulation[1] | 120 | 32 | 3'840 (1'280+ 2'560) |
| 47 | Kundenspezifische Marktanalyse durchführen | PM | Nielsen-Informations- system | 6 | 32 | 192 |
| 20 | Konditionen überprüfen | VT, VR | | 2'000 | 4 | 8'000 (6'000+ 2'000) |
| 22 | Rahmenvertrag anpassen | VT | | 100 | 1 | 100 |
| 23 | Kundendokumen- tation pflegen | VT | KV/Kundendaten modifi- zieren KV/Kundenbetreuung modifizieren KV/Kunde löschen KV/Kundenstammdaten kopieren | 100 | 0.25 | 25 |

[1] Regionaler Verkaufsleiter und Vertreter erhalten die Absatzzahlen als Spreadsheet.

*Bild 3.3./19: Aufgabenverzeichnis Teilprozeß "Kunde betreuen" (Soll)*

| Nr | Aufgabe | OE | Applikation/ Transaktion | Häufigkeit (pro Jahr) | Zeitbedarf (h) | Aufwand (h/Jahr) |
|---|---|---|---|---|---|---|
| 47 | Marktdaten bereitstellen | PM | Nielsen-Informations-system | 6 | 16 | 96 |
| 26 | Beschaffung beim Kunden beraten | VT | | 3'000 | 4 | 12'000 |
| 32 | Auftrag über Vertreter entgegen-nehmen | VT | AV/Vertreterauftrag online erfassen | 3'000 | 1 | 3'000 |
| 34 | Auftrag erfassen | VA | AV/Auftrag online zentral erfassen | 3'000 | 0.25 | 750 |
| 60 | EDIFACT Purchase Order erfassen | CO | AV/EDIFACT-Purchase Order Message entgegen-nehmen und prüfen | 6'000 | - | - |
| 61 | Sonderfälle klären | VT | AV/Auftrag modifizieren KV/Kundenadresse suchen, anzeigen Textverarbeitung Tabellenkalkulation | 1'000 | 0.5 | 500 |
| 35 | Auftrag bestätigen | CO | AV/Auftrags-, Modifika-tionsbestätigung drucken AV/EDIFACT-Purchase Order Message annehmen AV/EDIFACT-Purchase Order Message ablehnen | 12'000 | - | - |

Bild 3.3./20: Aufgabenverzeichnis Teilprozeß "Auftrag akquirieren" (Soll)

| Nr | Aufgabe | OE | Applikation/ Transaktion | Häufigkeit (pro Jahr) | Zeitbedarf (h) | Aufwand (h/Jahr) |
|----|---------|----|--------------------------|----------------------|----------------|------------------|
| 27 | Bedarf spezifizieren | K | | | | |
| 29 | Lieferanten auswählen | K | | | | |
| 30 | Artikel per Katalog auswählen | K | EPK | 11'000 | | |
| 31 | Auftrag an Vertreter erteilen | K | | 3'000 | | |
| 33 | Auftrag schriftlich/ telefonisch erteilen | K | | 3'000 | | |
| 48 | Bedarf per WaWiSystem spezifizieren | K | WaWi | 4'000 | | |
| 49 | Lieferanten per WaWiSystem auswählen | K | WaWi | 4'000 | | |
| 50 | Artikel per WaWiSystem auswählen | K | WaWi | 4'000 | | |
| 51 | Auftrag per WaWiSystem erteilen | K | WaWi | 4'000 | | |
| 52 | Auftrag online erteilen | K | AV/Auftrag online durch Kunde erfassen | 3'000 | | |
| 53 | Auftrag per EDIFACT aus dem Katalog erteilen | K | EPK | 2'000 | | |
| 36 | Auftrag vormerken | K | | | | |

*Bild 3.3./21: Aufgabenverzeichnis Teilprozeß "Auftrag beschaffen (Kunde)" (Soll)*

| Nr | Aufgabe | OE | Applikation/ Transaktion | Häufigkeit (pro Jahr) | Zeitbedarf (h) | Aufwand (h/Jahr) |
|----|---------|-----|--------------------------|----------------------|----------------|-------------------|
| 39 | Auftragskorrektur prüfen | VA, E[1] | AV/EDIFACT-Purchase Order Change Message anzeigen<br>AV/Auftrag anzeigen<br>AV/Aufträge zu Kunden anzeigen<br>AV/Verfügbarkeit prüfen | 1'500 | 0.25 | 375 (250+125) |
| 62 | EDIFACT Purchase Order Change Message entgegennehmen | CO | AV/EDIFACT-Purchase Order Change Message entgegennehmen | 825 | - | - |
| 40 | Auftrag anpassen | VA | AV/Auftrag modifizieren<br>AV/EDIFACT-Purchase Order Change Message annehmen - Modifizieren<br>AV/EDIFACT-Purchase Order Change Message ablehnen<br>AV/Auftrag stornieren<br>AV/EDIFACT-Purchase Order Change Message annehmen - Stornieren | 1'500 | 0.35 | 525 |
| 41 | Auftragskorrektur bestätigen | CO | AV/Auftrags-, Modifikationsbestätigung drucken<br>AV/EDIFACT-Purchase Order Change Message annehmen - Modifizieren<br>AV/EDIFACT-Purchase Order Change Message ablehnen<br>AV/Stornobestätigung drucken<br>AV/EDIFACT-Purchase Order Change Message annehmen - Stornieren | 1'500 | - | - |

[1] Abstimmung täglich zwischen 13.30 und 15.00 Uhr.

*Bild 3.3./22: Aufgabenverzeichnis Teilprozeß "Auftrag anpassen" (Soll)*

3.3. Aufgabenketten    85

| Nr | Aufgabe | OE | Applikation/ Transaktion | Häufigkeit (pro Jahr) | Zeitbedarf (h) | Aufwand (h/Jahr) |
|---|---|---|---|---|---|---|
| 64 | Ist-Werte erheben | VA | VF/Neu aufgenommene Kunden in Zeitabschnitt ermitteln VF/Regionenumsatz in Zeitabschnitt ermitteln VF/Vertreterumsatz in Zeitabschnitt ermitteln VF/Kundenumsatz in Zeitabschnitt ermitteln VF/Anzahl etc. pro Vertriebskanal ermitteln VF/Umsatz pro Artikel (-gruppe) in Zeitabschnitt VF/Storni pro Kunde in Zeitabschnitt ermitteln VF/Storni pro Vertreter in Zeitabschnitt ermitteln VF/Anzahl etc. der Korrekturen ermitteln | 6 | 16 | 96 |
| 43 | Soll/Ist vergleichen | VZ, VR, VT | Tabellenkalkulation (Ist-Werte aus Spreadsheet) | 6 | 144 | 864 (244+300+ 320) |
| 44 | Marktdaten beschaffen | PM | Nielsen-Informations-system | 6 | 8 | 48 |
| 45 | Marktentwicklung auswerten | VZ, VR, VT |  | 6 | 129 | 774 (240+150+ 384) |
| 55 | Prozeßzirkelsitz-ung durchführen (Prozeßentwik-klung beurteilen und Maßnahmen vorschlagen) | VR, VT |  | 6 | 105 | 630 (180+450) |
| 63 | Prozeßausschuß-sitzung durch-führen (Prozeß–entwicklung beurteilen und Maßnahmen vor-schlagen) | VZ, VR |  | 6 | 100 | 600 (500+100) |
| 38 | Soll-Vorgabe nächste Periode festlegen | VZ, VR, VT |  | 6 | 60 | 360 (60+100+ 200) |

*Bild 3.3./23: Aufgabenverzeichnis Teilprozeß "Verkaufsprozeß führen" (Soll)*

86   3. Prozeß

| Teilprozeß | VZ | VR | VT | VA | PM | E | Gesamt |
|---|---|---|---|---|---|---|---|
| Kunde akquirieren | 20 | 4 | 130 | | | | 154 |
| Kunde betreuen | | 410 | 1'086 | 6 | 24 | | 1'526 |
| Auftrag akquirieren | | | 1'944 | 94 | 12 | | 2'050 |
| Auftrag anpassen | | | | 97 | | 16 | 113 |
| Verkaufsprozeß führen | 131 | 104 | 169 | 12 | 6 | | 422 |
| Gesamt | 151 | 518 | 3'329 | 209 | 42 | 16 | 4'265 |

*Bild 3.3./24: Funktionendiagramm (Soll)*

*Anmerkung:* Funktionendiagramme sind in Band 1, Punkt 2.5, erwähnt, aber nicht erklärt. In der hier verwendeten Form dokumentieren sie den Aufwand (in Personentagen pro Jahr) für jede involvierte Organisationseinheit pro Teilprozeß. Ein Personentag umfaßt 8 Stunden.

### 3.4. Verkaufs-IS

Das Verkaufs-IS (Verkaufsinformationssystem) spezifizieren wir auf der Ebene Prozeß mit einem ER-Diagramm, der Beschreibung der Entitätstypen und einem Effektmodell. Für die Beschreibung der Entitätstypen wird eine vereinfachte Version des in Kapitel 4.1.1. vorgestellten Formulars verwendet (vgl. Bild 3.4./1): Wir beschreiben pro Entitätstyp den Namen, seine Synonyme, das Mengengerüst und seine Attribute. Sofern notwendig werden die Entitätstypen und die Attribute verbal beschrieben (zu Details siehe Kapitel 4.1.1.). Im Effektmodell stehen - im Gegensatz zu Punkt 4.4.1. in Band 1 - in den Spalten die Namen der Aufgaben (und nicht jene der Transaktionen).

| Entitätstyp: | |
|---|---|
| *Synonym(e):* | |
| *Anzahl/3 Jahre:* | *Bewegungen/Jahr:* |
| *verbale Beschreibung:* | |
| **Attribute** | |
| *Name:* | *verbale Beschreibung* |
| | |
| | |
| | |

*Bild 3.4./1: Formular zur Beschreibung von Entitätstypen auf der Ebene Prozeß*

## 3.4.1. ER-Diagramm

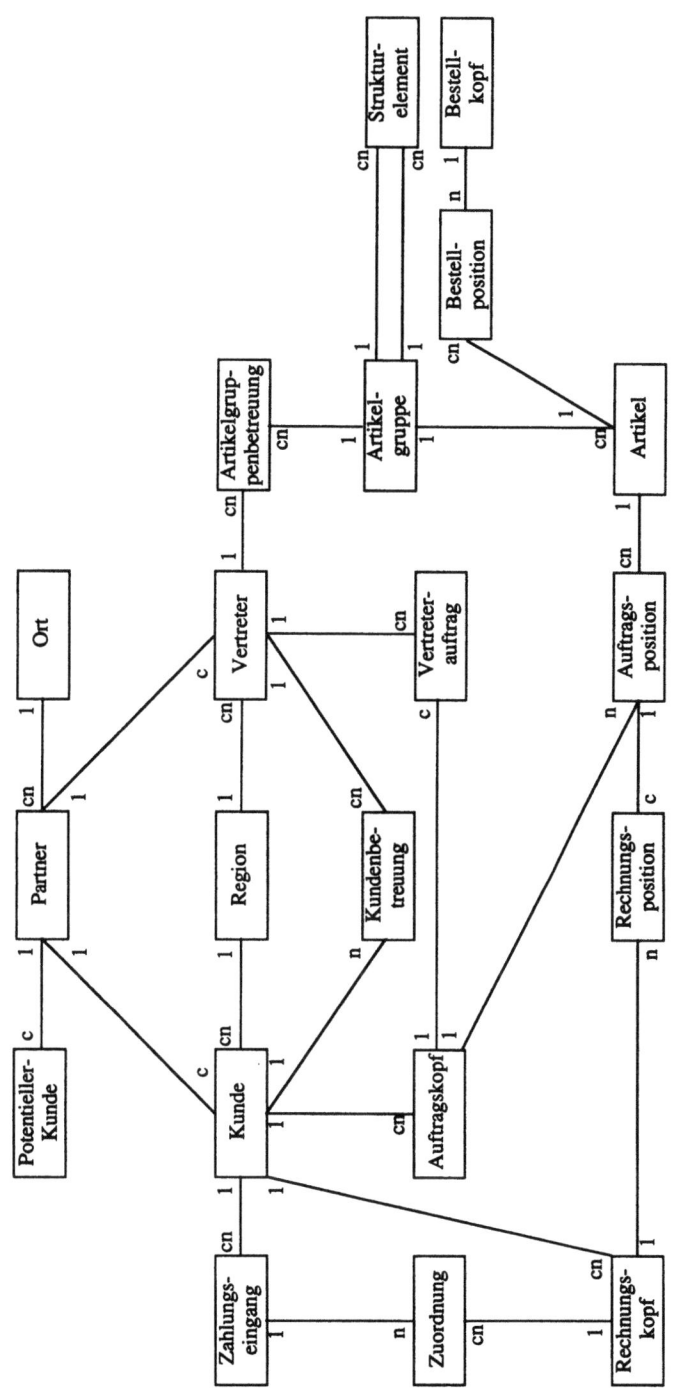

## 3.4.2. Beschreibung Entitätstypen

| Entitätstyp: Kunde ||
|---|---|
| *Synonym(e):* - ||
| *Anzahl/3 Jahre:* 800 | *Bewegungen/Jahr:* 160 |
| *verbale Beschreibung:* <br> Ein Kunde ist ein Geschäftspartner, der Waren bezieht. Alle Kunden sind Vertragshändler. Hierzu zählen Fachgeschäfte, Discountgeschäfte, Kaufhäuser und Versandhändler. Nicht dazu zählen die Interessenten (potentielle Kunden). Kunde faßt alle Daten über Kunden zusammen, die der Verkauf benötigt. Buchhaltungsdaten werden in einem eigenen Entitätstyp gehalten. ||
| **Attribute** ||
| *Name:* | *verbale Beschreibung* |
| PartnernummerKunde | |
| Regionnummer | |
| Geschäftstyp | |
| Kreditlimit | |
| Kundenrabattsatz | |
| Zahlungskondition | |
| Kundenaufnahmedatum | |

| Entitätstyp: Partner ||
|---|---|
| *Synonym(e):* Geschäftspartner ||
| *Anzahl/3 Jahre:* 1'100 | *Bewegungen/Jahr:* 280 |
| *verbale Beschreibung:* <br> Der Entitätstyp Partner enthält alle nicht vom Typ des Geschäftspartners abhängigen Daten zu natürlichen und juristischen Personen (insbesondere Kunden, Lieferanten und Vertretern), die von geschäftlichem Interesse sind. Insbesondere zählen hierzu Angaben zur Adresse. ||
| **Attribute** ||
| *Name:* | *verbale Beschreibung* |
| PartnernummerPartner | |
| Name | |
| Straße | |
| Straßennummer | |
| PLZ | |
| Telefonnummer | |

| Entitätstyp: Artikel | |
|---|---|
| Synonym(e): Produkt | |
| Anzahl/3 Jahre: 4'000 | Bewegungen/Jahr: 38'000 |
| verbale Beschreibung: Der Entitätstyp Artikel enthält alle von der UNTEL zum Verkauf angebotenen physischen Produkte. Dienstleistung sind nicht enthalten. | |
| **Attribute** | |
| Name: | verbale Beschreibung |
| Artikelnummer | |
| Artikelgruppennummer | |
| Artikelbezeichnung | |
| Mengeneinheit | |
| Mindestbestand | |
| Verkaufspreis | |
| DurchschnittlEinstandspreis | |
| DurchschnittlWiederbeschaffungszeit | |
| ABC-Kennung | Kennzeichnung von drei Artikelarten gemäß der Form der Lieferung: A-Artikel werden ab Lager Zürich ausgeliefert. B-Artikel werden auftragsbasiert beschafft und von der UNTEL ausgeliefert. Aufträge für C-Artikel werden an Lieferanten vermittelt (Streckenauftrag). |
| Lagerbestand | |

| Entitätstyp: Artikelgruppe | |
|---|---|
| Synonym(e): - | |
| Anzahl/3 Jahre: 40 | Bewegungen/Jahr: 3 |
| verbale Beschreibung: ... | |
| **Attribute** | |
| Name: | verbale Beschreibung |
| Artikelgruppennummer | |
| Artikelgruppenbezeichnung | |

| **Entitätstyp:** Artikelgruppenbetreuung | |
|---|---|
| *Synonym(e):* - | |
| *Anzahl/3 Jahre:* 25 | *Bewegungen/Jahr:* 0 |
| *verbale Beschreibung:* ... | |
| **Attribute** | |
| *Name:* | *verbale Beschreibung* |
| Artikelgruppennummer | |
| PartnernummerVertreter | |

| **Entitätstyp:** Strukturelement | |
|---|---|
| *Synonym(e):* - | |
| *Anzahl/3 Jahre:* 40 | *Bewegungen/Jahr:* 5 |
| *verbale Beschreibung:* ... | |
| **Attribute** | |
| *Name:* | *verbale Beschreibung* |
| ArtikelgruppennummerObergruppe | |
| ArtikelgruppennummerUntergruppe | |

| **Entitätstyp:** Auftragskopf | |
|---|---|
| *Synonym(e):* - | |
| *Anzahl/3 Jahre:* 45'000 | *Bewegungen/Jahr:* 30'000 |
| *verbale Beschreibung:* ... | |
| **Attribute** | |
| *Name:* | *verbale Beschreibung* |
| Auftragsnummer | |
| PartnernummerKunde | |
| Auftragsstatus | |
| Besteller | |
| Liefertermin | |
| Rabattsatz | |
| Zahlungskondition | |
| EffektiverLiefertermin | |
| Vertriebskanal | |

| Entitätstyp: Auftragsposition | |
|---|---|
| *Synonym(e):* - | |
| *Anzahl/3 Jahre:* 150'000 | *Bewegungen/Jahr:* 51'500 |
| *verbale Beschreibung:* ... | |
| **Attribute** | |
| *Name:* | *verbale Beschreibung* |
| Auftragsnummer | |
| Positionsnummer | |
| Artikelnummer | |
| Menge | |

| Entitätstyp: Bestellkopf | |
|---|---|
| *Synonym(e):* - | |
| *Anzahl/3 Jahre:* 15'000 | *Bewegungen/Jahr:* 6'500 |
| *verbale Beschreibung:* ... | |
| **Attribute** | |
| *Name:* | *verbale Beschreibung* |
| Bestellnummer | |
| PartnernummerLieferant | |
| Bestellstatus | |
| Besteller | |
| Liefertermin | |
| EffektiverLiefertermin | |

| Entitätstyp: Bestellposition | |
|---|---|
| *Synonym(e):* - | |
| *Anzahl/3 Jahre:* 40'000 | *Bewegungen/Jahr:* 15'000 |
| *verbale Beschreibung:* ... | |
| **Attribute** | |
| *Name:* | *verbale Beschreibung* |
| Bestellnummer | |
| Positionsnummer | |
| Artikelnummer | |
| Menge | |

| Entitätstyp: Kundenbetreuung | |
|---|---|
| Synonym(e): - | |
| Anzahl/3 Jahre: 1'200 | Bewegungen/Jahr: 110 |
| verbale Beschreibung: ... | |
| **Attribute** | |
| Name: | verbale Beschreibung |
| PartnernummerKunde | |
| PartnernummerVertreter | |
| ProvisionssatzAllgemein | |
| ProvisionssatzVertreterauftrag | |

| Entitätstyp: Ort | |
|---|---|
| Synonym(e): - | |
| Anzahl/3 Jahre: 250 | Bewegungen/Jahr: 50 |
| verbale Beschreibung: ... | |
| **Attribute** | |
| Name: | verbale Beschreibung |
| PLZ | |
| Ort | |

| Entitätstyp: PotentiellerKunde | |
|---|---|
| Synonym(e): - | |
| Anzahl/3 Jahre: 100 | Bewegungen/Jahr: 200 |
| verbale Beschreibung: ... | |
| **Attribute** | |
| Name: | verbale Beschreibung |
| PartnernummerPotentiellerKunde | |
| Geschäftstyp | |

## 3.4. Verkaufs-IS

| Entitätstyp: Rechnungskopf | |
|---|---|
| *Synonym(e):* - | |
| *Anzahl/3 Jahre:* 45'000 | *Bewegungen/Jahr:* 15'000 |
| *verbale Beschreibung:* ... | |
| **Attribute** | |
| *Name:* | *verbale Beschreibung* |
| Rechnungsnummer | |
| PartnernummerKunde | |
| Rechnungsdatum | |
| Zahlungskondition | |

| Entitätstyp: Rechnungsposition | |
|---|---|
| *Synonym(e):* - | |
| *Anzahl/3 Jahre:* 150'000 | *Bewegungen/Jahr:* 50'000 |
| *verbale Beschreibung:* ... | |
| **Attribute** | |
| *Name:* | *verbale Beschreibung* |
| Rechnungsnummer | |
| Auftragsnummer | |
| Positionsnummer | |

| Entitätstyp: Region | |
|---|---|
| *Synonym(e):* - | |
| *Anzahl/3 Jahre:* 3 | *Bewegungen/Jahr:* 0 |
| *verbale Beschreibung:* ... | |
| **Attribute** | |
| *Name:* | *verbale Beschreibung* |
| Regionnummer | |
| Regionname | |
| Einwohnerzahl | |

| Entitätstyp: Zuordnung | |
|---|---|
| Synonym(e): - | |
| Anzahl/3 Jahre: 45'000 | Bewegungen/Jahr: 15'000 |
| verbale Beschreibung: ... | |
| **Attribute** | |
| Name: | verbale Beschreibung |
| Rechnungsnummer | |
| Zahlungseingangsnummer | |
| Teilzahlungsbetrag | |

| Entitätstyp: Vertreter | |
|---|---|
| Synonym(e): - | |
| Anzahl/3 Jahre: 20 | Bewegungen/Jahr: 5 |
| verbale Beschreibung: ... | |
| **Attribute** | |
| Name: | verbale Beschreibung |
| PartnernummerVertreter | |
| Regionnummer | |
| Fixum | |

| Entitätstyp: Vertreterauftrag | |
|---|---|
| Synonym(e): - | |
| Anzahl/3 Jahre: 9'000 | Bewegungen/Jahr: 3'000 |
| verbale Beschreibung: ... | |
| **Attribute** | |
| Name: | verbale Beschreibung |
| Auftragsnummer | |
| PartnernummerVertreter | |

| Entitätstyp: Zahlungseingang | |
|---|---|
| Synonym(e): - | |
| Anzahl/3 Jahre: 45'000 | Bewegungen/Jahr: 15'000 |
| verbale Beschreibung: ... | |
| **Attribute** | |
| Name: | verbale Beschreibung |
| Zahlungseingangsnummer | |
| PartnernummerKunde | |
| Zahlungseingangsdatum | |
| Zahlungseingangsbetrag | |

### 3.4.3. Effektmodelle und Applikations- und Datenbankbildung

### Kundenverwaltung und Verkaufsführung

| ENTITÄTSTYP \ AUFGABE | Beratungsgespräch vorbereiten | Kundendokumentation vervollständigen bzw. löschen | Kundendokumentation pflegen | Absatzzahlen bereitstellen | Ist-Werte erheben | Datenbank |
|---|---|---|---|---|---|---|
| Partner | AR | RD | RMD | R | R | |
| Ort | AR | R | RMD | R | R | |
| Kunde | | A | RMD | R | R | |
| PotentiellerKunde | A | D | | R | R | Partnerda- |
| Vertreter | | R | R | R | R | tenbank |
| Region | | R | R | R | R | |
| Kundenbetreuung | | A | RMD | R | R | |
| Auftragskopf | | | | R | R | |
| Auftragsposition | | | | R | R | Auftrags- |
| Vertreterauftrag | | | | R | R | datenbank |
| Artikel | | | | R | R | |
| Artikelgruppe | | | | R | R | Artikelda- |
| Strukturelement | | | | R | R | tenbank |
| Artikelgruppen-betreuung | | | | | | |
| Bestellkopf | | | | | | Bestellda- |
| Bestellposition | | | | | | tenbank |
| Rechnungskopf | | | | | | |
| Rechnungsposition | | | | | | Rechnungs- |
| Zuordnung | | | | | | datenbank |
| Zahlungseingang | | | | | | |
| **Applikation** | Kundenverwaltung | | | Verkaufsführung | | |

## Auftragsverwaltung

| ENTITÄTSTYP | Auftrag erfassen | EDIFACT Purchase Order erfassen | Auftrag über Vertreter entgegennehmen | Auftrag online erteilen | Auftrag bestätigen | Auftragskorrektur prüfen | Auftrag anpassen | Sonderfälle klären | Auftragskorrektur bestätigen | Datenbank |
|---|---|---|---|---|---|---|---|---|---|---|
| Partner | R | R | R |  | R | R | R | R | R | |
| Ort | R | R | R |  | R | R | R | R | R | |
| Kunde | R | R | R | R | R | R | R | R | R | |
| PotentiellerKunde |  |  |  |  |  |  |  |  |  | Partnerda- |
| Vertreter |  |  | R |  |  |  |  |  |  | tenbank |
| Region |  |  |  |  |  |  |  |  |  | |
| Kundenbetreuung |  |  | R |  |  |  |  |  |  | |
| Auftragskopf | A | A | A | A | RM | R | RMD | RMD | RM | |
| Auftragsposition | A | A | A | A | R | R | ARMD | ARMD | R | Auftrags- |
| Vertreterauftrag |  |  | A |  | R | R | RD | RD | R | datenbank |
| Artikel | RM | RM | RM | RM | R | R | RM | RM | R | |
| Artikelgruppe |  |  |  |  |  |  |  |  |  | Artikelda- |
| Strukturelement |  |  |  |  |  |  |  |  |  | tenbank |
| Artikelgruppen-betreuung |  |  |  |  |  |  |  |  |  | |
| Bestellkopf | R | R | R | R |  | R |  |  |  | Bestellda- |
| Bestellposition | R | R | R | R |  | R |  |  |  | tenbank |
| Rechnungskopf | R | R | R | R |  | R |  |  |  | |
| Rechnungsposition | R | R | R | R |  | R |  |  |  | Rechnungs- |
| Zuordnung | R | R | R | R |  | R |  |  |  | datenbank |
| Zahlungseingang | R | R | R | R |  | R |  |  |  | |
| **Applikation** | Auftragsverwaltung |||||||||  |

## 3.5. Prozeßführung

| Führungsgröße | Berechnung bei der UNTEL im Prozeß Verkauf | Unterstützende Applikation/ Transaktion |
|---|---|---|
| Neukunden | siehe Geschäftsstrategie | VF/Neu aufgenommene Kunden im Zeitabschnitt ermitteln |
| Kundenbetreuung | siehe Geschäftsstrategie; die Kundenbetreuung bezieht sich nur auf den Teilprozeß "Kunden betreuen" | (Manuelle Auswertung) |
| Servicegeschwindigkeit | siehe Geschäftsstrategie | FR |
| Debitorenverluste | siehe Geschäftsstrategie | FR |
| Abwicklungskosten pro Auftrag | siehe Geschäftsstrategie | (Manuelle Auswertung) |
| Kanalnutzung Aufträge | Anteil der Aufträge pro Auftragskanal der UNTEL an der Gesamtzahl der Aufträge. Auftragskanäle der UNTEL: <br>1: Erfassung über Verkaufsunterstützung/Auftragserfassung <br>2: Erfassung über Vertreter <br>3: Online-Bestellung <br>4: EDIFACT (über Katalog) <br>5: EDIFACT (WaWiSystem) | VF/Anzahl, Umsatz und Anteil der Aufträge an der Gesamtzahl Aufträge pro Vertriebskanal ermitteln |
| Kanalnutzung Korrekturen | Anteil der Korrekturen pro Korrekturkanal der UNTEL an der Gesamtzahl der Korrekturen. Korrekturkanäle der UNTEL: <br>1: Manuelle Korrektur <br>2: EDIFACT-Korrektur | VF/Anzahl und Anteil der Korrekturen an der Gesamtzahl Korrekturen pro Korrekturkanal ermitteln |
| Korrekturquote Aufträge | Anzahl Korrekturen im Verhältnis zur Gesamtzahl der Aufträge | VF/Storni pro Vertreter in Zeitabschnitt ermitteln <br>VF/Storni pro Vertreter in Zeitabschnitt ermitteln |
| Durchlaufzeit Korrekturen | Durchschnittliche Zeitspanne zwischen Eingang der Korrektur und dem Versand der Bestätigung pro Korrekturkanal | (Manuelle Auswertung) |

*Bild 3.5./1: Führungsgrößen (Soll)*

3.5. Prozeßführung 99

| Führungsgröße | Einheit | Ist 31.12.94 | Soll 31.12.95 | Soll 31.12.96 | Soll 31.12.97 |
|---|---|---|---|---|---|
| Neukunden | Anzahl | 30 | 30 | 35 | 40 |
| Kundenbetreuung | Besuche | 1.0 | 2.0 | 2.5 | 2.5 |
| Servicegeschw. A-Artikel | Tage | - | 3 | 1.5 | 1 |
| Servicegeschw. B-Artikel | Tage | - | 15 | 12 | 10 |
| Servicegeschw. C-Artikel | Tage | - | 30 | 24 | 20 |
| Debitorenverluste | % | 2 | 2 | 1.5 | 1 |
| Abwicklungskosten pro Auftrag | CHF | 180 | 165 | 100 | 80 |
| Kanalnutzung Aufträge | % | | | | |
| Auftragskanal 1: | | 40 | 30 | 20 | 20 |
| Auftragskanal 2: | | 60 | 40 | 35 | 20 |
| Auftragskanal 3: | | - | 10 | 15 | 20 |
| Auftragskanal 4: | | - | 10 | 10 | 13 |
| Auftragskanal 5: | | - | 10 | 20 | 27 |
| Kanalnutzung Korrekturen | % | | | | |
| Korrekturkanal 1: | | 100 | 90 | 60 | 45 |
| Korrekturkanal 2: | | - | 10 | 40 | 55 |
| Korrekturquote Aufträge | % | 30 | 25 | 15 | 10 |
| Durchlaufzeit Korrekturen Beide Kanäle | Tage | 2.1 | 1.7 | 1.3 | 1.1 |

*Bild 3.5./2: Prozeßziele*

**Prozeßmanager (Soll)**
Leiter Verkauf und Beratung

**Zusammensetzung Prozeßausschuß (Soll)**
Leitung:       Prozeßmanager
Mitarbeit:     Regionale Leiter Verkauf und Beratung

**Zusammensetzung Prozeßzirkel (Soll)**
Leitung:       Prozeßmanager
Mitarbeit:     • Mindetens ein Vertreter aus jedem Regionalbereich
               • Ein Mitarbeiter aus der Verkaufsassistenz

**Berichtswesen Prozeßführung (Soll)**
Alle Führungsgrößen sind Bestandteil des Prozeßstatusberichts. Der Prozeßstatusbericht geht alle zwei Monate an Prozeßmanager, Prozeßausschuß und Prozeßzirkel, alle sechs Monate zusätzlich an die Geschäftsleitung.

*Bild 3.5./3: Institutionalisierung der Prozeßführung*

# 4. Informationssystem

Die Ebene Informationssystem leitet aus den Ergebnissen der Ebene Prozeß ein detailliertes Daten- und Funktionsmodell für das computerisierte Informationssystem ab und konkretisiert die Ablauforganisation.

|  | Organisation z. B. | Daten z. B. | Funktionen z. B. |
|---|---|---|---|
| Geschäftsstrategie | Geschäftsfelder | Datenbanken | Applikationen |
| Prozeß | Aufgaben | Entitätstypen | Transaktionen |
| Informationssystem | Verantwortlichkeiten | Attribute | Dialogflüsse |

*Bild 4./1: Informationssystem als Ebene des Business Engineerings*

Die *Ebene Informationssystem* liefert die Vorgabe für die organisatorische und die informationstechnische Implementierung. Der Schwerpunkt liegt auf den Dimensionen Funktionen und Daten (computerisiertes Informationssystem).

Das Daten- und das Funktionenmodell werden so weit verfeinert, daß die nachfolgende Beschreibung vorliegt.

## 4.1. Beschreibung von Entitätstypen und Transaktionen

Hier verwenden wir für die Beschreibung von Entitätstypen und Transaktionen Formulare (Bilder 4.1.1./1 und 4.1.2./1). In der Praxis legt man diese Beschreibungen in sogenannten Data-Dictionary-Systemen ab. Dies sind spezielle Informationssysteme zur Verwaltung von Entwurfsdokumentationen. Data-Dictionaries helfen beim Erfassen, Ändern, Suchen und Löschen von

Beschreibungen und generieren Übersichtsdarstellungen wie etwa die hier verwendeten Formulare.

### 4.1.1. Formular zur Beschreibung von Entitätstypen

| Entitätstyp: | | | | |
|---|---|---|---|---|
| Synonym(e): | | | | |
| Anzahl/3 Jahre: | | Bewegungen/Jahr: | | |
| Verbale Beschreibung: | | | | |
| **Beschreibung der Attribute** | | | | |
| Name: | IS | FS zu Entitätstyp / Attribut | Wertebereich / Format | Verbale Beschreibung |
| | | | | |
| | | | | |
| | | | | |
| **Zusätzliche Integritätsbedingungen** | | | | |
| Attributname | Integritätsbedingung | | | |
| | | | | |

*Bild 4.1.1./1: Formular zur Beschreibung von Entitätstypen*

Das Formular zur Beschreibung von Entitätstypen besteht aus folgenden Teilen (vgl. Bild 4.1.1./1):

**Entitätstyp allgemein**

- *Name* (Feld Entitätstyp in Bild 4.1.1./1)
  Der Name (Bezeichner) identifiziert den Entitätstyp eindeutig. Namen sollen einfach benutzbar sein und die Bedeutung der Entitätstypen gut wiedergeben. Viele Betriebe besitzen ausführliche Namenskonventionen (vgl. das Beispiel in Bild 4.1.1./2).

Namenskonventionen sind sehr betriebsspezifisch und gewöhnungsbedürftig. Wir verzichten daher im Beispiel der UNTEL auf Abkürzungen, die das Verständnis erschweren könnten.

- Es gelten folgende Abkürzungen bzw. Abkürzungsregeln:
  - Anzahl        Anz
  - Konto         Kto
  - Nummer        #
  - ...
  
  Im übrigen wird ein Wort durch den Wortstamm ersetzt.
- Namen verwenden Groß- und Kleinschreibung. Wortstämme werden mit Großbuchstaben begonnen (z. B. KredLim).
- Die Sprache ist deutsch.

*Bild 4.1.1./2: Beispiel für Namenskonventionen*

- *Synonyme*
  
  Wird ein Entitätstyp in verschiedenen Applikationen unterschiedlich bezeichnet, sind die Synonyme (auch Aliasnamen genannt) aufzulisten. Zum Entitätstyp Kunde existiert beispielsweise in der Buchhaltung das Synonym Debitor.

- *Mengengerüst*
  
  - Anzahl/3 Jahre
    
    Die Anzahl gibt an, wieviele Entitäten die Entitätsmenge voraussichtlich besitzt. Hieraus wird für die Implementierung der notwendige Speicherplatz abgeleitet. Die UNTEL lagert für das Tagesgeschäft nicht mehr benötigte Daten einmal pro Jahr auf einen externen Datenträger aus. Wir sprechen von Archivierung von Daten. Die Archivierung betrifft insbesondere Auftragsdaten, die älter als drei Jahre sind. Das Feld Anzahl gibt deshalb im Beispiel der UNTEL die durchschnittliche Anzahl Entitäten pro drei Jahre an.
  
  - Bewegungen/Jahr
    
    Eine Bewegung ist das Hinzufügen, Ändern oder Löschen einer Entität. Die Anzahl Bewegungen muß mit dem Mengengerüst des Funktionsentwurfs (siehe unten) abgestimmt werden: Wir müssen hierzu alle Transaktionen berücksichtigen, die Entitäten erzeugen, verändern oder löschen.

- *Verbale Beschreibung*
  
  Die verbale Beschreibung soll den Entitätstyp mit wenigen Worten erklären. Sie kann weggelassen werden, wenn der Entitätstyp durch die Aufzählung seiner Attribute ausreichend zu verstehen ist. In der Regel muß

jedoch die exakte betriebswirtschaftliche Bedeutung des Entitätstyps festgehalten werden, da sich die Rolle des Entitätstyps häufig nur aus dem Kontext der Transaktionen ableiten läßt.

**Beschreibung der Attribute**

Pro Attribut sind folgende Angaben notwendig:

- *Name*
  Der Name identifiziert das Attribut eindeutig.

- *Kennzeichen für Identifikationsschlüssel und Fremdschlüssel*
  Hier kennzeichnen wir jene Attribute, die Identifikationsschlüssel (IS) oder Fremdschlüssel (FS) sind. Für Fremdschlüssel geben wir die Namen der Entitätstypen und der Attribute an, zu denen Beziehungen bestehen.

- *Wertebereich/Format*
  Der Wertebereich gibt an, welche Werte ein Attribut annehmen kann. Das Format bestimmt die Darstellung für den Menschen, also auf dem Bildschirm oder in Listen. Wertebereich und Format hängen eng zusammen und werden daher gemeinsam definiert. Die Informatik benutzt dafür Datentypen wie beispielsweise die folgenden aus dem Datenbankmanagementsystem ORACLE 7.0:

  - CHAR (n): Eine beliebige Zeichenkette (z.B. "Meier AG" oder "Bahnhofstr. 2") der maximalen Länge n.

  - INTEGER (n): Ganze positive Zahl mit der maximalen Länge n. Bei n = 2 sind beispielsweise alle ganzen Zahlen von 0 bis 99 erlaubt.

  - NUMBER (n.m): Dezimalzahl mit n Stellen, von denen m Stellen nach dem Komma stehen. Ein Attribut mit NUMBER (9.2) kann alle Werte von 0.00 bis 9'999'999.99 annehmen.

  - DATE und TIME: ORACLE stellt mit Hilfe des Datentyps DATE das Datum und mit TIME die Uhrzeit dar.

- *Verbale Beschreibung*
  Der Entwerfer beschreibt verbal Besonderheiten eines Attributs, die nicht intuitiv mit den Namen verbunden werden.

## Beschreibung zusätzlicher Integritätsbedingungen

Beschreibung von Wertebereichsbedingungen, die nicht durch die Festlegung von Datentypen (Spalte Wertebereich/Format) abgedeckt sind.

Neben der Beschreibung der Entitätstypen gemäß Bild 4.1.1./1 umfaßt die Dokumentation des Datenentwurfs das ER-Diagramm, die Beschreibung der Elemente von Codetabellen und die Schnittstellenbeschreibung.

### 4.1.2. Formular zur Beschreibung von Transaktionen

| Transaktion: | | | | |
|---|---|---|---|---|
| Synonyme: | | | | |
| Unterstützte Aufgabe(n): | | | | |
| Ausführungshäufigkeit/Jahr: | | Ausführungsart: | | |
| Verbale Beschreibung: | | | | |
| **Effekte** | | | | |
| Entitätstyp | Append | Read | Modify | Delete |
|  |  |  |  |  |
|  |  |  |  |  |
|  |  |  |  |  |
| **Verwendete Bildschirmmasken** | | | | |
|  | | | | |
| **Erzeugte Listen/Messages** | | | | |
|  | | | | |
| **Ausführungsberechtigte Stellen** | | | | |
|  | | | | |

*Bild 4.1.2./1: Formular zur Beschreibung von Transaktionen*

Wir beschreiben jede Transaktion mit dem in Bild 4.1.2./1 dargestellten Formular. Es enthält folgende Bestandteile:

### Transaktion allgemein

- *Transaktionsname* (Feld Transaktion in Bild 4.1.2./1)
  Der Name identifiziert die Transaktion eindeutig.

- *Synonyme*
  Alternative Namen für die Transaktion.

- *Unterstützte Aufgabe(n)*
  Name(n) der Aufgabe(n), deren Ausführung die Transaktion unterstützt.

- *Ausführungshäufigkeit/Jahr*
  Wie oft wird eine Transaktion in einem bestimmten Zeitintervall (im vorliegenden Fall pro Jahr) verwendet?

- *Ausführungsart*
  Online oder Batch.

- *Verbale Beschreibung*
  Die verbale Beschreibung erklärt die von der Transaktion ausgeführte Funktion mit wenigen Worten. Eine komplizierte Logik wird zusätzlich durch Pseudocode, Entscheidungsbäume oder Entscheidungstabellen dokumentiert.

**Effekte**

Beschreibung der Effekte der Transaktion auf Entitätstypen. Für jeden Entitätstyp werden die entsprechenden Effekte durch "X" gekennzeichnet.

**Verwendete Bildschirmmasken**

Aufzählung der Namen aller von der Transaktion verwendeten Bildschirmmasken.

**Erzeugte Listen und Messages**

Aufzählung der Namen aller von der Transaktion erzeugten Listen und Messages.

**Ausführungsberechtigte Stellen**

Nennung aller Stellen, welche die Transaktion ausführen dürfen.

Die Dokumentation des Funktionsentwurfs umfaßt neben dem Formular Transaktionsbeschreibung Effektmodelle, Entity-Life-Histories der wichtigsten Entitätstypen, Transaktionsnetzwerke, Listen und Messages, Bildschirmmasken, Menüs und Menüstrukturen pro Applikation und Transaktion, Dialogflüsse und Autorisierungsübersichten.

## 4.2. ER-Diagramm

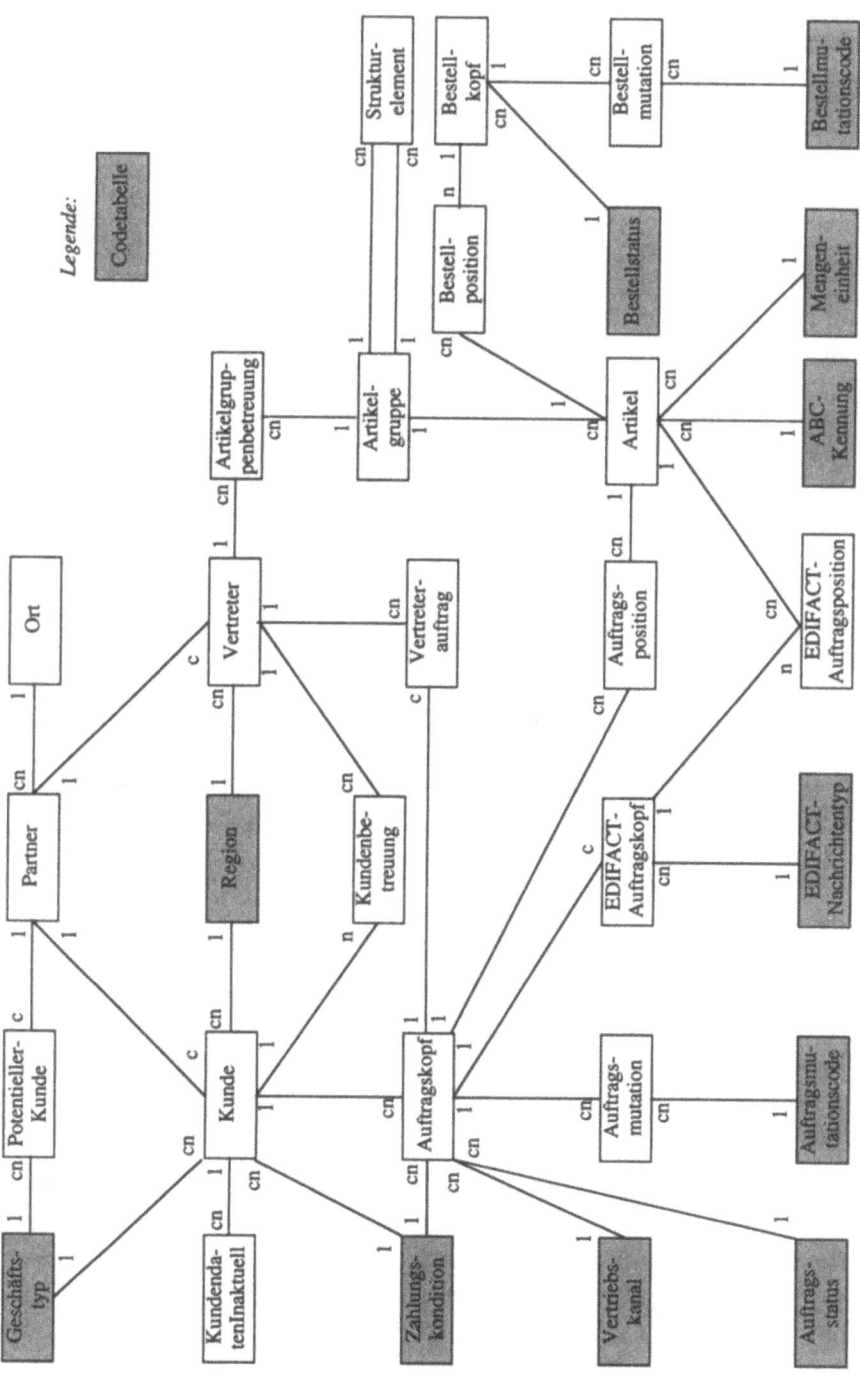

## 4.3. Beschreibung von Entitätstypen pro Datenbank

## Partnerdatenbank

| Entitätstyp: Vertreter | | | | |
|---|---|---|---|---|
| Synonym(e): - | | | | |
| Anzahl/3 Jahre: 20 | | Bewegungen/Jahr: 5 | | |
| Verbale Beschreibung: ... | | | | |
| **Beschreibung der Attribute** | | | | |
| Name: | IS | FS zu Entitätstyp / Attribut | Wertebereich / Format | Verbale Beschreibung |
| PartnernummerVertreter | X | Partner/PartnernummerPartner | CHAR (16) | |
| Userid | | | CHAR (8) | |
| Datum | | | DATE | |
| Zeit | | | TIME | |
| GültigAb | | | DATE | |
| CodeRegion | | Region/CodeRegion | INTEGER (2) | |
| Fixum | | | NUMBER (7.2) | |
| **Zusätzliche Integritätsbedingungen** | | | | |
| Attributname | | Integritätsbedingung | | |
| | | | | |

| Entitätstyp: PotentiellerKunde | | | | |
|---|---|---|---|---|
| Synonym(e): - | | | | |
| Anzahl/3 Jahre: 100 | | Bewegungen/Jahr: 200 | | |
| Verbale Beschreibung: ... | | | | |
| **Beschreibung der Attribute** | | | | |
| Name: | IS | FS zu Entitätstyp / Attribut | Wertebereich / Format | Verbale Beschreibung |
| Partnernummer-PotentiellerKunde | X | Partner/PartnernummerPartner | CHAR (16) | |
| Userid | | | CHAR (8) | |
| Datum | | | DATE | |
| Zeit | | | TIME | |
| CodeGeschäftstyp | | Geschäftstyp/CodeGeschäftstyp | INTEGER (2) | |
| **Zusätzliche Integritätsbedingungen** | | | | |
| Attributname | | Integritätsbedingung | | |
| | | | | |

## 4.3. Beschreibung von Entitätstypen pro Datenbank

| Entitätstyp: Partner | | | | |
|---|---|---|---|---|
| *Synonym(e):* - | | | | |
| *Anzahl/3 Jahre:* 1'100 | | *Bewegungen/Jahr:* 280 | | |
| *Verbale Beschreibung:* Der Entitätstyp Partner enthält alle nicht vom Typ des Geschäftspartners abhängigen Daten zu natürlichen und juristischen Personen (insbesondere Kunden, Lieferanten und Vertretern), die von geschäftlichem Interesse sind. Insbesondere zählen hierzu Angaben zur Adresse. | | | | |
| **Beschreibung der Attribute** | | | | |
| *Name:* | *IS* | *FS zu Entitätstyp / Attribut* | *Wertebereich / Format* | *Verbale Beschreibung* |
| PartnernummerPartner | X | | CHAR (16) | |
| Userid | | | CHAR (8) | |
| Datum | | | DATE | |
| Zeit | | | TIME | |
| Name | | | CHAR (32) | |
| Straße | | | CHAR (32) | |
| Straßennummer | | | CHAR (6) | |
| PLZ | | Ort/PLZ | CHAR (6) | |
| Telefonnummer | | | CHAR (32) | |
| **Zusätzliche Integritätsbedingungen** | | | | |
| *Attributname* | *Integritätsbedingung* | | | |
| | | | | |

| Entitätstyp: Ort | | | | |
|---|---|---|---|---|
| *Synonym(e):* - | | | | |
| *Anzahl/3 Jahre:* 250 | | *Bewegungen/Jahr:* 140 | | |
| *Verbale Beschreibung:* Der Entitätstyp Ort enthält den Ort und die Postleitzahl, an dem die Geschäftspartner der UNTEL ihren Geschäftssitz haben. | | | | |
| **Beschreibung der Attribute** | | | | |
| *Name:* | *IS* | *FS zu Entitätstyp / Attribut* | *Wertebereich / Format* | *Verbale Beschreibung* |
| PLZ | X | | CHAR (6) | |
| Ort | | | CHAR (32) | |
| Userid | | | CHAR (8) | |
| Datum | | | DATE | |
| Zeit | | | TIME | |
| **Zusätzliche Integritätsbedingungen** | | | | |
| *Attributname* | *Integritätsbedingung* | | | |
| | | | | |

## Entitätstyp: Kunde

Synonym(e): -

| Anzahl/3 Jahre: 800 | Bewegungen/Jahr: 160 |
|---|---|

*Verbale Beschreibung:*
Ein Kunde ist ein Geschäftspartner, der Waren bezieht. Alle Kunden sind Vertragshändler. Hierzu zählen Fachgeschäfte, Discountgeschäfte, Kaufhäuser, Versandhändler und Mitarbeiter. Nicht dazu zählen die Interessenten (potentielle Kunden). Kunde faßt alle Daten über Kunden zusammen, die der Verkauf benötigt. Buchhaltungsdaten werden in einem eigenen Entitätstyp gehalten.

### Beschreibung der Attribute

| Name: | IS | FS zu Entitätstyp / Attribut | Wertebereich / Format | Verbale Beschreibung |
|---|---|---|---|---|
| PartnernummerKunde | X | Partner/PartnernummerPartner | CHAR (16) | |
| Userid | | | CHAR (8) | |
| Datum | | | DATE | |
| Zeit | | | TIME | |
| GültigAb | | | DATE | |
| CodeRegion | | Region / CodeRegion | INTEGER (2) | |
| CodeGeschäftstyp | | Geschäftstyp/ CodeGeschäftstyp | INTEGER (2) | |
| Kreditlimit | | | NUMBER (9.2) | |
| Kundenrabattsatz | | | NUMBER (5.2) | |
| CodeZahlungskondition | | Zahlungskondition/ CodeZahlungskondition | INTEGER (2) | |
| Kundenaufnahmedatum | | | DATE | |
| OffeneRechnungspositionen | | | NUMBER (9.2) | Σ offene Rechnungspositionen; die Attributwerte werden aus dem Finanz-IS übernommen |

### Zusätzliche Integritätsbedingungen

| Attributname | Integritätsbedingung |
|---|---|
| Kundenrabattsatz | Der Rabattsatz muß größer gleich 0 und kleiner gleich 100 sein. |

| Entitätstyp: KundendatenInaktuell | | | | |
|---|---|---|---|---|
| Synonym(e): - | | | | |
| Anzahl/3 Jahre: 300 | | Bewegungen/Jahr: 100 | | |
| Verbale Beschreibung: ... | | | | |
| **Beschreibung der Attribute** | | | | |
| Name: | IS | FS zu Entitätstyp / Attribut | Wertebereich / Format | Verbale Beschreibung |
| PartnernummerKunde | X | Kunde/PartnernummerKunde | CHAR (16) | |
| GültigAb | X | | DATE | |
| Userid | | | CHAR (8) | |
| Datum | | | DATE | |
| Zeit | | | TIME | |
| Name | | | CHAR (32) | |
| Straße | | | CHAR (32) | |
| Straßennummer | | | CHAR (6) | |
| PLZ | | | CHAR (6) | |
| Ort | | | CHAR (32) | |
| Telefonnummer | | | CHAR (32) | |
| Regionname | | | CHAR (32) | |
| CodebeschreibungGeschäftstyp | | | CHAR (64) | |
| Kreditlimit | | | NUMBER (9.2) | |
| Kundenrabattsatz | | | NUMBER (5.2) | |
| ZahlungszielIn Tagen | | | INTEGER (3) | |
| **Zusätzliche Integritätsbedingungen** | | | | |
| Attributname | Integritätsbedingung | | | |
| GültigAb | GültigAb muß größer als das Datum der Erfassung der Änderung sein (Attribut Datum) | | | |

## 4. Informationssystem

| Entitätstyp: Kundenbetreuung | | | | |
|---|---|---|---|---|
| *Synonym(e):* - | | | | |
| *Anzahl/3 Jahre:* 1'200 | | *Bewegungen/Jahr:* 110 | | |
| *Verbale Beschreibung:* ... | | | | |
| **Beschreibung der Attribute** | | | | |
| *Name:* | *IS* | *FS zu Entitätstyp / Attribut* | *Wertebereich / Format* | *Verbale Beschreibung* |
| PartnernummerKunde | X | Kunde/Partner-nummerKunde | CHAR (16) | |
| PartnernummerVertreter | X | Vertreter/Partner-nummerVertreter | CHAR (16) | |
| GültigAb | X | | DATE | |
| Userid | | | CHAR (8) | |
| Datum | | | DATE | |
| Zeit | | | TIME | |
| ProvisionssatzAllgemein | | | NUMBER (5.2) | |
| ProvisionssatzVertreterauftrag | | | NUMBER (5.2) | |
| **Zusätzliche Integritätsbedingungen** | | | | |
| *Attributname* | *Integritätsbedingung* | | | |
| ProvisionssatzAllgemein | Der Provisionssatz muß größer gleich 0 und kleiner gleich 100 sein. | | | |
| ProvisionssatzVertreterauftrag | Der Provisionssatz muß größer gleich 0 und kleiner gleich 100 sein. | | | |
| | | | | |

| Entitätstyp: Region | | | | |
|---|---|---|---|---|
| *Synonym(e):* - | | | | |
| *Anzahl/3 Jahre:* 3 | | *Bewegungen/Jahr:* 0 | | |
| *Verbale Beschreibung:* ... | | | | |
| **Beschreibung der Attribute** | | | | |
| *Name:* | *IS* | *FS zu Entitätstyp / Attribut* | *Wertebereich / Format* | *Verbale Beschreibung* |
| CodeRegion | X | | INTEGER (2) | |
| Codebeschreibung | | | CHAR (64) | |
| Einwohnerzahl | | | INTEGER (7) | |
| **Zusätzliche Integritätsbedingungen** | | | | |
| *Attributname* | *Integritätsbedingung* | | | |
| | | | | |

## 4.3. Beschreibung von Entitätstypen pro Datenbank

| Entitätstyp: Geschäftstyp | | | | |
|---|---|---|---|---|
| Synonym(e): - | | | | |
| Anzahl/3 Jahre: 5 | | Bewegungen/Jahr: 0 | | |
| Verbale Beschreibung: ... | | | | |
| **Beschreibung der Attribute** | | | | |
| Name: | IS | FS zu Entitätstyp / Attribut | Wertebereich / Format | Verbale Beschreibung |
| CodeGeschäftstyp | X | | INTEGER (2) | |
| Codebeschreibung | | | CHAR (64) | |
| **Zusätzliche Integritätsbedingungen** | | | | |
| Attributname | | Integritätsbedingung | | |
| | | | | |

| Entitätstyp: Zahlungskondition | | | | |
|---|---|---|---|---|
| Synonym(e): - | | | | |
| Anzahl/3 Jahre: 4 | | Bewegungen/Jahr: 0 | | |
| Verbale Beschreibung: ... | | | | |
| **Beschreibung der Attribute** | | | | |
| Name: | IS | FS zu Entitätstyp / Attribut | Wertebereich / Format | Verbale Beschreibung |
| CodeZahlungskondition | X | | INTEGER (2) | |
| ZahlungszielInTagen | | | INTEGER (3) | |
| Codebeschreibung | | | CHAR (64) | |
| **Zusätzliche Integritätsbedingungen** | | | | |
| Attributname | | Integritätsbedingung | | |
| | | | | |

## Auftragsdatenbank

| Entitätstyp: Auftragsposition | | | | |
|---|---|---|---|---|
| Synonym(e): - | | | | |
| Anzahl/3 Jahre: 150'000 | | Bewegungen/Jahr: 51'500 | | |
| Verbale Beschreibung: ... | | | | |
| **Beschreibung der Attribute** | | | | |
| Name: | IS | FS zu Entitätstyp / Attribut | Wertebereich / Format | Verbale Beschreibung |
| Auftragsnummer | X | Auftragskopf/ Auftragsnummer | CHAR (16) | |
| Positionsnummer | X | | INTEGER (3) | |
| Artikelnummer | | Artikel/Artikel- nummer | CHAR (16) | |
| Menge | | | INTEGER (9) | |
| **Zusätzliche Integritätsbedingungen** | | | | |
| Attributname | | Integritätsbedingung | | |
| Menge | | Die Menge muß immer größer 0 sein. | | |

| Entitätstyp: Auftragsmutation | | | | |
|---|---|---|---|---|
| Synonym(e): - | | | | |
| Anzahl/3 Jahre: 70'500 | | Bewegungen/Jahr: 23'500 | | |
| Verbale Beschreibung: ... | | | | |
| **Beschreibung der Attribute** | | | | |
| Name: | IS | FS zu Entitätstyp / Attribut | Wertebereich / Format | Verbale Beschreibung |
| Auftragsnummer | X | Auftragskopf/ Auftragsnummer | CHAR (16) | |
| FortlaufendeMuta- tionsnummer | X | | INTEGER (4) | |
| Userid | | | CHAR (8) | |
| Datum | | | DATE | |
| Zeit | | | TIME | |
| CodeAuftrags- mutation | | Auftragsmutations- code/CodeAuftrags- mutation | INTEGER (2) | |
| **Zusätzliche Integritätsbedingungen** | | | | |
| Attributname | | Integritätsbedingung | | |

## 4.3. Beschreibung von Entitätstypen pro Datenbank

| Entitätstyp: Auftragskopf | | | | |
|---|---|---|---|---|
| Synonym(e): - | | | | |
| Anzahl/3 Jahre: 45'000 | | Bewegungen/Jahr: 30'000 | | |
| Verbale Beschreibung: ... | | | | |
| **Beschreibung der Attribute** | | | | |
| Name: | IS | FS zu Entitätstyp / Attribut | Wertebereich / Format | Verbale Beschreibung |
| Auftragsnummer | X | | CHAR (16) | |
| PartnernummerKunde | | Kunde/PartnernummerKunde | CHAR (16) | |
| CodeAuftragsstatus | | Auftragsstatus/ CodeAuftragsstatus | INTEGER (2) | |
| Besteller | | | CHAR (64) | |
| Liefertermin | | | DATE | |
| Auftragsrabattsatz | | | NUMBER (5.2) | |
| CodeZahlungskondition | | Zahlungskondition/ CodeZahlungskondition | INTEGER (2) | |
| EffektiverLiefertermin | | | DATE | |
| CodeVertriebskanal | | Vertriebskanal/ CodeVertriebskanal | INTEGER (2) | |
| **Zusätzliche Integritätsbedingungen** | | | | |
| Attributname | Integritätsbedingung | | | |
| Liefertermin | Der Liefertermin muß später liegen als das Datum der Erfassung/Mutation. | | | |
| Rabattsatz | Der Rabattsatz muß größer gleich 0 und kleiner gleich 100 sein. | | | |

| Entitätstyp: Auftragsstatus | | | | |
|---|---|---|---|---|
| Synonym(e): - | | | | |
| Anzahl/3 Jahre: 5 | | Bewegungen/Jahr: 0 | | |
| Verbale Beschreibung: ... | | | | |
| **Beschreibung der Attribute** | | | | |
| Name: | IS | FS zu Entitätstyp / Attribut | Wertebereich / Format | Verbale Beschreibung |
| CodeAuftragsstatus | X | | INTEGER (2) | |
| Codebeschreibung | | | CHAR (64) | |
| **Zusätzliche Integritätsbedingungen** | | | | |
| Attributname | Integritätsbedingung | | | |
| | | | | |

## 4. Informationssystem

| Entitätstyp: EDIFACT-Auftragskopf | | | | |
|---|---|---|---|---|
| Synonym(e): - | | | | |
| Anzahl/3 Jahre: 20 | | Bewegungen/Jahr: 14'500 | | |
| Verbale Beschreibung: ... | | | | |
| **Beschreibung der Attribute** | | | | |
| Name: | IS | FS zu Entitätstyp / Attribut | Wertebereich / Format | Verbale Beschreibung |
| Auftragsnummer | X | Auftragskopf/Auftragsnummer | CHAR (16) | |
| Datum | | | DATE | |
| Zeit | | | TIME | |
| CodeEDIFACT-Nachrichtentyp | | EDIFACT-Nachrichtentyp/Code-EDIFACT-Nachrichtentyp | INTEGER (2) | |
| Liefertermin | | | DATE | |
| **Zusätzliche Integritätsbedingungen** | | | | |
| Attributname | Integritätsbedingung | | | |
| Liefertermin | Der Liefertermin muß später liegen als das Datum der Erfassung/Mutation. | | | |

| Entitätstyp: EDIFACT-Auftragsposition | | | | |
|---|---|---|---|---|
| Synonym(e): - | | | | |
| Anzahl/3 Jahre: 80 | | Bewegungen/Jahr: 48'000 | | |
| Verbale Beschreibung: ... | | | | |
| **Beschreibung der Attribute** | | | | |
| Name: | IS | FS zu Entitätstyp / Attribut | Wertebereich / Format | Verbale Beschreibung |
| Auftragsnummer | X | EDIFACT-Auftragskopf/Auftragsnummer | CHAR (16) | |
| Positionsnummer | X | | INTEGER (3) | |
| Artikelnummer | | Artikel/Artikelnummer | CHAR (16) | |
| Menge | | | INTEGER (9) | |
| **Zusätzliche Integritätsbedingungen** | | | | |
| Attributname | Integritätsbedingung | | | |
| Menge | Die Menge muß immer größer 0 sein. | | | |

## 4.3. Beschreibung von Entitätstypen pro Datenbank

| Entitätstyp: Vertriebskanal | | | | |
|---|---|---|---|---|
| Synonym(e): Auftragskanal | | | | |
| Anzahl/3 Jahre: 5 | | Bewegungen/Jahr: 0 | | |
| Verbale Beschreibung: ... | | | | |
| **Beschreibung der Attribute** | | | | |
| Name: | IS | FS zu Entitätstyp / Attribut | Wertebereich / Format | Verbale Beschreibung |
| CodeVertriebskanal | X | | INTEGER (2) | |
| Codebeschreibung | | | CHAR (64) | |
| **Zusätzliche Integritätsbedingungen** | | | | |
| Attributname | | Integritätsbedingung | | |
| | | | | |

| Entitätstyp: Auftragsmutationscode | | | | |
|---|---|---|---|---|
| Synonym(e): - | | | | |
| Anzahl/3 Jahre: 5 | | Bewegungen/Jahr: 0 | | |
| Verbale Beschreibung: ... | | | | |
| **Beschreibung der Attribute** | | | | |
| Name: | IS | FS zu Entitätstyp / Attribut | Wertebereich / Format | Verbale Beschreibung |
| CodeAuftragsmutation | X | | INTEGER (2) | |
| Codebeschreibung | | | CHAR (64) | |
| **Zusätzliche Integritätsbedingungen** | | | | |
| Attributname | | Integritätsbedingung | | |
| | | | | |

| Entitätstyp: EDIFACT-Nachrichtentyp | | | | |
|---|---|---|---|---|
| Synonym(e): - | | | | |
| Anzahl/3 Jahre: 2 | | Bewegungen/Jahr: 0 | | |
| Verbale Beschreibung: ... | | | | |
| **Beschreibung der Attribute** | | | | |
| Name: | IS | FS zu Entitätstyp / Attribut | Wertebereich / Format | Verbale Beschreibung |
| CodeEDIFACT-Nachrichtentyp | X | | INTEGER (2) | |
| Codebeschreibung | | | CHAR (64) | |
| **Zusätzliche Integritätsbedingungen** | | | | |
| Attributname | | Integritätsbedingung | | |
| | | | | |

| Entitätstyp: Vertreterauftrag | | | | |
|---|---|---|---|---|
| Synonym(e): - | | | | |
| Anzahl/3 Jahre: 9'000 | | Bewegungen/Jahr: 3'000 | | |
| Verbale Beschreibung: ... | | | | |
| **Beschreibung der Attribute** | | | | |
| Name: | IS | FS zu Entitätstyp / Attribut | Wertebereich / Format | Verbale Beschreibung |
| Auftragsnummer | X | Auftragskopf/ Auftragsnummer | CHAR (16) | |
| PartnernummerVertreter | | Vertreter/PartnernummerVertreter | CHAR (16) | |
| **Zusätzliche Integritätsbedingungen** | | | | |
| Attributname | Integritätsbedingung | | | |
| | | | | |

## Artikeldatenbank

| Entitätstyp: Artikelgruppenbetreuung | | | | |
|---|---|---|---|---|
| Synonym(e): - | | | | |
| Anzahl/3 Jahre: 25 | | Bewegungen/Jahr: 0 | | |
| Verbale Beschreibung: ... | | | | |
| **Beschreibung der Attribute** | | | | |
| Name: | IS | FS zu Entitätstyp / Attribut | Wertebereich / Format | Verbale Beschreibung |
| Artikelgruppennummer | X | Artikelgruppe/Artikelgruppennummer | CHAR (8) | |
| PartnernummerVertreter | X | Vertreter/PartnernummerVertreter | CHAR (16) | |
| GültigAb | X | | DATE | |
| Userid | | | CHAR (8) | |
| Datum | | | DATE | |
| Zeit | | | TIME | |
| **Zusätzliche Integritätsbedingungen** | | | | |
| Attributname | Integritätsbedingung | | | |
| | | | | |

## 4.3. Beschreibung von Entitätstypen pro Datenbank

| Entitätstyp: Artikel | | | | |
|---|---|---|---|---|
| *Synonym(e):* - | | | | |
| *Anzahl/3 Jahre:* 4'000 | | *Bewegungen/Jahr:* 38'000 | | |
| *Verbale Beschreibung:*<br>Der Entitätstyp Artikel enthält alle von der UNTEL zum Verkauf angebotenen physischen Produkte. Dienstleistung sind nicht enthalten. | | | | |
| **Beschreibung der Attribute** | | | | |
| *Name:* | *IS* | *FS zu Entitätstyp / Attribut* | *Wertebereich / Format* | *Verbale Beschreibung* |
| Artikelnummer | X | | CHAR (16) | |
| Userid | | | CHAR (8) | |
| Datum | | | DATE | |
| Zeit | | | TIME | |
| Artikelgruppennummer | | Artikelgruppe/Artikelgruppennummer | CHAR (8) | |
| Artikelbezeichnung | | | CHAR (32) | |
| CodeMengeneinheit | | Mengeneinheit/ CodeMengeneinheit | INTEGER (2) | |
| Mindestbestand | | | INTEGER (9) | |
| Verkaufspreis | | | NUMBER (9.2) | |
| DurchschnittlEinstandspreis | | | NUMBER (9.2) | |
| DurchschnittlWiederbeschaffungszeit | | | INTEGER (3) | |
| CodeABC-Kennung | | ABC-Kennung/ CodeABC-Kennung | INTEGER (2) | |
| Lagerbestand | | | INTEGER (9) | |
| **Zusätzliche Integritätsbedingungen** | | | | |
| *Attributname* | *Integritätsbedingung* | | | |
| | | | | |

## 4. Informationssystem

| Entitätstyp: Artikelgruppe | | | | |
|---|---|---|---|---|
| Synonym(e): - | | | | |
| Anzahl/3 Jahre: 40 | | Bewegungen/Jahr: 3 | | |
| Verbale Beschreibung: ... | | | | |
| **Beschreibung der Attribute** | | | | |
| Name: | IS | FS zu Entitätstyp / Attribut | Wertebereich / Format | Verbale Beschreibung |
| Artikelgruppennummer | X | | CHAR (8) | |
| Userid | | | CHAR (8) | |
| Datum | | | DATE | |
| Zeit | | | TIME | |
| Artikelgruppenbezeichnung | | | CHAR (32) | |
| **Zusätzliche Integritätsbedingungen** | | | | |
| Attributname | | Integritätsbedingung | | |
| | | | | |

| Entitätstyp: Strukturelement | | | | |
|---|---|---|---|---|
| Synonym(e): - | | | | |
| Anzahl/3 Jahre: 40 | | Bewegungen/Jahr: 5 | | |
| Verbale Beschreibung: ... | | | | |
| **Beschreibung der Attribute** | | | | |
| Name: | IS | FS zu Entitätstyp / Attribut | Wertebereich / Format | Verbale Beschreibung |
| ArtikelgruppennummerObergruppe | X | Artikelgruppe/Artikelgruppennummer | CHAR (8) | |
| ArtikelgruppennummerUntergruppe | X | Artikelgruppe/Artikelgruppennummer | CHAR (8) | |
| Userid | | | CHAR (8) | |
| Datum | | | DATE | |
| Zeit | | | TIME | |
| **Zusätzliche Integritätsbedingungen** | | | | |
| Attributname | | Integritätsbedingung | | |
| | | | | |

## 4.3. Beschreibung von Entitätstypen pro Datenbank

| Entitätstyp: ABC-Kennung | | | | |
|---|---|---|---|---|
| *Synonym(e):* - | | | | |
| *Anzahl/3 Jahre:* 3 | | *Bewegungen/Jahr:* 0 | | |
| *Verbale Beschreibung:* Kennzeichnung von drei Artikelarten gemäß der Form der Lieferung: A-Artikel werden ab Lager Zürich ausgeliefert. B-Artikel werden auftragsbasiert beschafft und von der UNTEL ausgeliefert. Aufträge für C-Artikel werden an Lieferanten vermittelt (Streckenauftrag). | | | | |
| **Beschreibung der Attribute** | | | | |
| *Name:* | *IS* | *FS zu Entitätstyp / Attribut* | *Wertebereich / Format* | *Verbale Beschreibung* |
| CodeABCKennung | X | | INTEGER (2) | |
| Codebeschreibung | | | CHAR (64) | |
| **Zusätzliche Integritätsbedingungen** | | | | |
| *Attributname* | *Integritätsbedingung* | | | |
| | | | | |

| Entitätstyp: Mengeneinheit | | | | |
|---|---|---|---|---|
| *Synonym(e):* - | | | | |
| *Anzahl/3 Jahre:* 3 | | *Bewegungen/Jahr:* 0 | | |
| *Verbale Beschreibung:* ... | | | | |
| **Beschreibung der Attribute** | | | | |
| *Name:* | *IS* | *FS zu Entitätstyp / Attribut* | *Wertebereich / Format* | *Verbale Beschreibung* |
| CodeMengeneinheit | X | | INTEGER (2) | |
| Codebeschreibung | | | CHAR (64) | |
| **Zusätzliche Integritätsbedingungen** | | | | |
| *Attributname* | *Integritätsbedingung* | | | |
| | | | | |

## 4. Informationssystem

## Bestelldatenbank

| Entitätstyp: Bestellkopf | | | | |
|---|---|---|---|---|
| Synonym(e): - | | | | |
| Anzahl/3 Jahre: 15'000 | | Bewegungen/Jahr: 6'500 | | |
| Verbale Beschreibung: ... | | | | |
| **Beschreibung der Attribute** | | | | |
| Name: | IS | FS zu Entitätstyp / Attribut | Wertebereich / Format | Verbale Beschreibung |
| Bestellnummer | X | | CHAR (16) | |
| PartnernummerLieferant | | Lieferant/PartnernummerLieferant | CHAR (16) | Entitätstyp Lieferant ist im Beispiel nicht dargestellt |
| CodeBestellstatus | | Bestellstatus/CodeBestellstatus | INTEGER (2) | |
| Besteller | | | CHAR (64) | |
| Liefertermin | | | DATE | |
| EffektiverLiefertermin | | | DATE | |
| **Zusätzliche Integritätsbedingungen** | | | | |
| Attributname | Integritätsbedingung | | | |
| Liefertermin | Der Liefertermin muß später liegen als das Datum der Erfassung/Mutation. | | | |
| | | | | |

| Entitätstyp: Bestellposition | | | | |
|---|---|---|---|---|
| Synonym(e): - | | | | |
| Anzahl/3 Jahre: 40'000 | | Bewegungen/Jahr: 15'000 | | |
| Verbale Beschreibung: ... | | | | |
| **Beschreibung der Attribute** | | | | |
| Name: | IS | FS zu Entitätstyp / Attribut | Wertebereich / Format | Verbale Beschreibung |
| Bestellnummer | X | Bestellkopf/Bestellnummer | CHAR (16) | |
| Positionsnummer | X | | INTEGER (3) | |
| Artikelnummer | | Artikel/Artikelnummer | CHAR (16) | |
| Menge | | | INTEGER (9) | |
| **Zusätzliche Integritätsbedingungen** | | | | |
| Attributname | Integritätsbedingung | | | |
| Menge | Die Menge muß immer größer als 0 sein. | | | |

## 4.3. Beschreibung von Entitätstypen pro Datenbank

| Entitätstyp: Bestellstatus | | | | |
|---|---|---|---|---|
| Synonym(e): - | | | | |
| Anzahl/3 Jahre: 3 | | Bewegungen/Jahr: 0 | | |
| Verbale Beschreibung: ... | | | | |
| **Beschreibung der Attribute** | | | | |
| Name: | IS | FS zu Entitätstyp / Attribut | Wertebereich / Format | Verbale Beschreibung |
| CodeBestellstatus | X | | INTEGER (2) | |
| Codebeschreibung | | | CHAR (64) | |
| **Zusätzliche Integritätsbedingungen** | | | | |
| Attributname | | Integritätsbedingung | | |
| | | | | |

| Entitätstyp: Bestellmutation | | | | |
|---|---|---|---|---|
| Synonym(e): - | | | | |
| Anzahl/3 Jahre: 40'500 | | Bewegungen/Jahr: 13'500 | | |
| Verbale Beschreibung: ... | | | | |
| **Beschreibung der Attribute** | | | | |
| Name: | IS | FS zu Entitätstyp / Attribut | Wertebereich / Format | Verbale Beschreibung |
| Bestellnummer | X | Bestellkopf/Bestellnummer | CHAR (16) | |
| FortlaufendeMutationsnummer | X | | INTEGER (4) | |
| Userid | | | CHAR (8) | |
| Datum | | | DATE | |
| Zeit | | | TIME | |
| CodeBestellmutation | | Bestellmutationscode/CodeBestellmutation | INTEGER (2) | |
| **Zusätzliche Integritätsbedingungen** | | | | |
| Attributname | | Integritätsbedingung | | |
| | | | | |

| Entitätstyp: Bestellmutationscode | | | | |
|---|---|---|---|---|
| Synonym(e): - | | | | |
| Anzahl/3 Jahre: 4 | | Bewegungen/Jahr: 0 | | |
| Verbale Beschreibung: ... | | | | |
| **Beschreibung der Attribute** | | | | |
| Name: | IS | FS zu Entitätstyp Attribut | Wertebereich / Format | Verbale Beschreibung |
| CodeBestellmutation | X | | INTEGER (2) | |
| Codebeschreibung | | | CHAR (64) | |
| **Zusätzliche Integritätsbedingungen** | | | | |
| Attributname | Integritätsbedingung | | | |
| | | | | |

## 4.4. Codetabellen

### Auftragsstatus

| CodeAuftragsstatus | Codebeschreibung |
|---|---|
| 1 | erfaßt |
| 2 | bestätigt |
| 3 | modifiziert |
| 4 | storniert |
| 5 | erledigt |

### Geschäftstyp

| CodeGeschäftstyp | Codebeschreibung |
|---|---|
| 1 | Fachgeschäft |
| 2 | Discountgeschäft |
| 3 | Kaufhaus |
| 4 | Versandhändler |
| 5 | Mitarbeiter |

### Bestellstatus

| CodeBestellstatus | Codebeschreibung |
|---|---|
| 1 | bestellt |
| 2 | bestätigt |
| 3 | abgelehnt |
| 4 | storniert |
| 5 | erledigt |

## ABC-Kennung

| CodeABCKennung | Codebeschreibung |
|---|---|
| 1 | A-Artikel |
| 2 | B-Artikel |
| 3 | C-Artikel |

## Auftragsmutationscode

| CodeAuftragsmutation | Codebeschreibung |
|---|---|
| 1 | Erfassung |
| 2 | Bestätigung |
| 3 | Modifikation manuell |
| 4 | Modifikation per EDIFACT |
| 5 | Stornierung manuell |
| 6 | Stornierung per EDIFACT |
| 7 | Erledigung |

## Bestellmutationscode

| CodeBestellmutation | Codebeschreibung |
|---|---|
| 1 | Erfassung |
| 2 | Modifikation |
| 3 | Stornierung |
| 4 | Erledigung |

## EDIFACT-Nachrichtentyp

| CodeEDIFACT-Nachrichtentyp | Codebeschreibung |
|---|---|
| 1 | Purchase Order Message |
| 2 | Purchase Order Change Message |

## Mengeneinheit

| CodeMengeneinheit | Codebeschreibung |
|---|---|
| 1 | Stück |
| 2 | Karton mit 3 Stück |
| 3 | Karton mit 6 Stück |
| 4 | Karton mit 12 Stück |

## Region

| CodeRegion | Codebeschreibung |
|---|---|
| 1 | Zentralschweiz |
| 2 | Nordschweiz |
| 3 | Süd- und Westschweiz |

## Vertriebskanal

| CodeVertriebskanal | Codebeschreibung |
|---|---|
| 1 | Online Zentrale |
| 2 | Online Vertreter |
| 3 | Online Kunde |
| 4 | EDIFACT-Kunde |
| 5 | EDIFACT-Warenwirtschaftssystem |

## Zahlungskondition

| CodeZahlungskondition | ZahlungszielInTagen | Codebeschreibung |
|---|---|---|
| 1 | 15 | netto |
| 2 | 30 | netto |
| 3 | 60 | netto |
| 4 | 90 | netto |

## 4.5. Schnittstellenbeschreibung

| Schnittstelle zum Finanz-IS | |
|---|---|
| *Beschreibung:* Tägliches Einspielen der Offenen Rechnungspositionen (Außenstände) der Kunden aus dem Finanz-IS. | |
| *Erzeugende Applikation:* Debitorenbuchhaltung | *Konsumierende Applikation:* Kundenverwaltung |
| *Transaktion:* "Offene Rechnungspositionen melden" | *Transaktion:* "Offene Rechnungspositionen einspielen" |
| *Ausschnitt aus Datenmodell:* Finanzdatenbank<br>SELECT    Debitorennummer, OffeneRechnungspositionen<br>FROM      Debitor<br>WHERE   Änderungsdatum >= DatumLetzterAbgleich | |
| *Redundante Attribute im Datenmodell:*<br>Partnerdatenbank      Kunde.OffeneRechnungspositionen | |
| *Datenaustauschform:* | Synchroner Datenaustausch |
| *Transferdatei:* | OffeneRechnungspostionenMeldungen |
| *Datenträger:* | Netzwerk |
| *Periodizität:* | jeden Werktag |
| *Menge (Anzahl):* | 300 Datensätze / Tag |
| *Aktualitätsbedingung / Auslöser (Ereignis):* | <= 8.00 Uhr am Tag der Buchung der Zahlungseingänge / Abschluß der Transaktion "Zahlungseingänge buchen" im Finanz-IS |

## 4.6. Transaktionsbeschreibungen pro Applikation

### Kundenverwaltung

| Transaktion: Starttransaktion | | | | |
|---|---|---|---|---|
| *Synonyme:* - | | | | |
| *Unterstützte Aufgabe(n):*<br>- | | | | |
| *Ausführungshäufigkeit/Jahr:* 1'600 | | *Ausführungsart:* Online | | |
| *Verbale Beschreibung:*<br>- | | | | |
| **Effekte** | | | | |
| Entitätstyp | Append | Read | Modify | Delete |
| | | | | |
| ... | | | | |

## 4. Informationssystem

| Transaktion: Kundenadresse suchen/anzeigen ||||
|---|---|---|---|
| *Synonyme:* - ||||
| *Unterstützte Aufgabe(n):* <br> Sonderfälle klären ||||
| *Ausführungshäufigkeit/Jahr:* 1'000 || *Ausführungsart:* Online ||
| *Verbale Beschreibung:* <br> Durch die Angabe eines Kundennamens (oder eines Teiles von diesem) wird eine Kundenübersicht präsentiert. In dieser Übersicht kann ein Kunde selektiert und zu einer anderen Transaktion verzweigt oder es können die Kundendetails sowie die historischen Angaben zum Kunden angesehen werden. ||||
| **Effekte** ||||
| Entitätstyp | Append | Read | Modify | Delete |
| Partner | | X | | |
| Ort | | X | | |
| Kunde | | X | | |
| KundendatenInaktuell | | X | | |
| Vertreter | | X | | |
| Region | | X | | |
| Kundenbetreuung | | X | | |
| Zahlungskondition | | X | | |
| Geschäftstyp | | X | | |
| ... | | | | |

| Transaktion: Potentiellen Kunden anzeigen ||||
|---|---|---|---|
| *Synonyme:* - ||||
| *Unterstützte Aufgabe(n):* <br> Kundendokumentation vervollständigen bzw. löschen ||||
| *Ausführungshäufigkeit/Jahr:* 100 || *Ausführungsart:* Online ||
| *Verbale Beschreibung:* <br> Es wird eine Übersicht der aktuellen potentiellen Kunden präsentiert. In dieser Übersicht kann ein potentieller Kunde selektiert werden, um zu einer anderen Transaktion zu verzweigen, oder es können zum selektierten potentiellen Kunden die Details angesehen werden. ||||
| **Effekte** ||||
| Entitätstyp | Append | Read | Modify | Delete |
| Partner | | X | | |
| Ort | | X | | |
| PotentiellerKunde | | X | | |
| Geschäftstyp | | X | | |
| ... | | | | |

## 4.6. Transaktionsbeschreibungen pro Applikation

| Transaktion: Kunde aufnehmen | | | | |
|---|---|---|---|---|
| *Synonyme:* - | | | | |
| *Unterstützte Aufgabe(n):* Kundendokumentation vervollständigen bzw. löschen | | | | |
| *Ausführungshäufigkeit/Jahr:* 40 | | *Ausführungsart:* Online | | |
| *Verbale Beschreibung:* Aufnahme eines potentiellen Kunden als Kunde. Eingabe und Prüfung der Konditionen (Kreditlimit, Rabattsatz, Kundenbetreuung usw.). Einstiegspunkt in diese Transaktion ist die Partnernummer. | | | | |
| **Effekte** | | | | |
| *Entitätstyp* | *Append* | *Read* | *Modify* | *Delete* |
| Partner | | X | | |
| Ort | | X | | |
| Kunde | X | | | |
| PotentiellerKunde | | | | X |
| Vertreter | | X | | |
| Region | | X | | |
| Kundenbetreuung | X | | | |
| Zahlungskondition | | X | | |
| Geschäftstyp | | X | | |
| ... | | | | |

| Transaktion: Kundenstammdaten kopieren | | | | |
|---|---|---|---|---|
| *Synonyme:* - | | | | |
| *Unterstützte Aufgabe(n):* Kundendokumentation vervollständigen bzw. löschen Kundendokumentation pflegen | | | | |
| *Ausführungshäufigkeit/Jahr:* 20 | | *Ausführungsart:* Online | | |
| *Verbale Beschreibung:* Kopieren eines Kunden. Es wird ein neuer Kunde mit den kopierten Daten angelegt. Die Kundendaten können anschließend modifiziert werden. Einstiegspunkt in diese Transaktion ist die Partnernummer des zu kopierenden Kunden. | | | | |
| **Effekte** | | | | |
| *Entitätstyp* | *Append* | *Read* | *Modify* | *Delete* |
| Partner | X | X | | |
| Ort | | X | | |
| Kunde | X | X | | |
| Kundenbetreuung | X | X | | |
| ... | | | | |

| Transaktion: Kundenbetreuung modifizieren | | | | |
|---|---|---|---|---|
| *Synonyme:* - | | | | |
| *Unterstützte Aufgabe(n):* Kundendokumentation pflegen | | | | |
| *Ausführungshäufigkeit/Jahr:* 40 | | *Ausführungsart:* Online | | |
| *Verbale Beschreibung:* Modifikation der Kundendaten. Einstiegspunkt in diese Transaktion ist die Partnernummer des Kunden, dessen Kundenbetreuung modifiziert wird. Es können folgende Attribute verändert werden: PartnernummerVertreter, ProvisionssatzAllgemein, ProvisionssatzVertreterauftrag und GültigAb (hier wird das Datum des auf den Änderungstag folgenden Werktages vorgeschlagen). | | | | |
| **Effekte** | | | | |
| *Entitätstyp* | *Append* | *Read* | *Modify* | *Delete* |
| Partner | | X | | |
| Ort | | X | | |
| Kunde | | X | | |
| Vertreter | | X | | |
| Region | | X | | |
| Kundenbetreuung | X | X | | |
| ... | | | | |

| Transaktion: Kunde löschen | | | | |
|---|---|---|---|---|
| *Synonyme:* - | | | | |
| *Unterstützte Aufgabe(n):* Kundendokumentation pflegen | | | | |
| *Ausführungshäufigkeit/Jahr:* 10 | | *Ausführungsart:* Online | | |
| *Verbale Beschreibung:* Löschen eines Kunden. Ein Kunde kann nur gelöscht werden, wenn der Kunde keine offenen Rechnungen mehr hat, nicht auch Vertreter etc. ist und keine Aufträge mehr vorhanden sind. Einstiegspunkt in diese Transaktion ist die Partnernummer des Kunden. | | | | |
| **Effekte** | | | | |
| *Entitätstyp* | *Append* | *Read* | *Modify* | *Delete* |
| Partner | | X | | X |
| Ort | | X | | X |
| Kunde | | X | | X |
| KundendatenInaktuell | | | | X |
| Vertreter | | X | | |
| Kundenbetreuung | | X | | X |
| Auftragskopf | | X | | |
| ... | | | | |

## 4.6. Transaktionsbeschreibungen pro Applikation

| Transaktion: Kundendaten modifizieren | | | | |
|---|---|---|---|---|
| *Synonyme:* - | | | | |
| *Unterstützte Aufgabe(n):* Kundendokumentation pflegen | | | | |
| *Ausführungshäufigkeit/Jahr:* 90 | | *Ausführungsart:* Online | | |
| *Verbale Beschreibung:* Modifikation der Kundendaten. Einstiegspunkt in diese Transaktion ist die Partnernummer des zu modifizierenden Kunden. Die Kundennummer kann nicht mehr modifiziert werden. Bei jeder Modifikation werden die neuen Daten in den Entitätstyp KundendatenInaktuell geschrieben und einen Tag bevor die Daten aktuell werden (GültigAb Datum) durch die Batchtransaktion "Kundendaten aktualisieren" in die Entitätstypen Partner, Ort und Kunde übertragen. | | | | |
| **Effekte** | | | | |
| *Entitätstyp* | *Append* | *Read* | *Modify* | *Delete* |
| Partner | | X | | |
| Ort | | X | | |
| Kunde | | X | | |
| KundendatenInaktuell | X | | | |
| Region | | X | | |
| Zahlungskondition | | X | | |
| Geschäftstyp | | X | | |
| ... | | | | |

| Transaktion: Kundendaten aktualisieren | | | | |
|---|---|---|---|---|
| *Synonyme:* - | | | | |
| *Unterstützte Aufgabe(n):* Kundendokumentation pflegen (bedingt durch die Historisierung) | | | | |
| *Ausführungshäufigkeit/Jahr:* 250 | | *Ausführungsart:* Batch | | |
| *Verbale Beschreibung:* Tägliches aktualisieren der Kundendaten: Im Entitätstyp KundendatenInaktuell wird kontrolliert, ob das GültigAb Datum einer Entität gleich dem Tagesdatum + 1 ist. Ist dies der Fall, werden die entsprechenden Kundendaten aus KundendatenInaktuell in die Entitätstypen Partner, Ort und Kunde kopiert und die bisher dort gespeicherten Daten in den Entitätstyp KundendatenInaktuell übertragen. | | | | |
| **Effekte** | | | | |
| *Entitätstyp* | *Append* | *Read* | *Modify* | *Delete* |
| Partner | | | X | |
| Ort | X | X | X | |
| Kunde | | | X | |
| KundendatenInaktuell | | | X | X |
| ... | | | | |

| Transaktion: Potentiellen Kunden löschen ||||
|---|---|---|---|---|
| *Synonyme:* - ||||
| *Unterstützte Aufgabe(n):* Kundendokumentation vervollständigen bzw. löschen ||||
| *Ausführungshäufigkeit/Jahr:* 60 | *Ausführungsart:* Online |||
| *Verbale Beschreibung:* Löschen eines potentiellen Kunden. Einstiegspunkt in diese Transaktion ist die Partnernummer. ||||
| **Effekte** ||||
| *Entitätstyp* | Append | Read | Modify | Delete |
| Partner | | X | | X |
| Ort | | X | | X |
| PotentiellerKunde | | X | | X |
| ... | | | | |

| Transaktion: Potentiellen Kunden erfassen ||||
|---|---|---|---|---|
| *Synonyme:* - ||||
| *Unterstützte Aufgabe(n):* Beratungsgespräch vorbereiten ||||
| *Ausführungshäufigkeit/Jahr:* 100 | *Ausführungsart:* Online |||
| *Verbale Beschreibung:* Erfassen eines neuen potentiellen Kunden. Die Partnernummer wird automatisch vergeben. ||||
| **Effekte** ||||
| *Entitätstyp* | Append | Read | Modify | Delete |
| Partner | X | | | |
| Ort | X | X | | |
| PotentiellerKunde | X | | | |
| Geschäftstyp | | | X | |
| ... | | | | |

| Transaktion: Offene Rechnungspositionen einspielen | | | | |
|---|---|---|---|---|
| *Synonyme:* - | | | | |
| *Unterstützte Aufgabe(n):* Verkauf | | | | |
| *Ausführungshäufigkeit/Jahr:* 250 | | *Ausführungsart:* Batch | | |
| *Verbale Beschreibung:* Tägliches Einspielen der Summe der offenen Rechnungspositionen pro Kunde aus dem Finanz-IS. | | | | |
| **Effekte** | | | | |
| *Entitätstyp* | *Append* | *Read* | *Modify* | *Delete* |
| Kunde | | | X | |
| | | | | |
| ... | | | | |

## Auftragsverwaltung

| Transaktion: EDIFACT-Purchase Order Change Message anzeigen | | | | |
|---|---|---|---|---|
| *Synonyme:* - | | | | |
| *Unterstützte Aufgabe(n):* Auftragskorrektur prüfen | | | | |
| *Ausführungshäufigkeit/Jahr:* 250 | | *Ausführungsart:* online | | |
| *Verbale Beschreibung:* Es wird eine Übersicht aller vorhandenen Purchase Order Change Messages präsentiert. In dieser Übersicht kann eine Purchase Order Change Message selektiert werden, um zu den Transaktionen "EDIFACT-Purchase Order Change Message annehmen" oder "Purchase Order Change Message ablehnen" zu verzweigen, oder es können zu selektierten Purchase Order Change Message die Details und der ursprüngliche Auftrag angesehen werden. | | | | |
| **Effekte** | | | | |
| *Entitätstyp* | *Append* | *Read* | *Modify* | *Delete* |
| Partner | | X | | |
| Ort | | X | | |
| Kunde | | X | | |
| Auftragskopf | | X | | |
| Auftragsposition | | X | | |
| Auftragsstatus | | X | | |
| EDIFACT-Auftragskopf | | X | | |
| EDIFACT-Auftragsposition | | X | | |
| Artikel | | X | | |
| ABC-Kennung | | X | | |
| Mengeneinheit | | X | | |
| | | | | |
| ... | | | | |

## 4. Informationssystem

| Transaktion: Starttransaktion Auftragsverwaltung | | | | |
|---|---|---|---|---|
| *Synonyme:* - | | | | |
| *Unterstützte Aufgabe(n):* <br> - | | | | |
| *Ausführungshäufigkeit/Jahr:* 35'000 | *Ausführungsart:* Online | | | |
| *Verbale Beschreibung:* <br> - | | | | |
| **Effekte** | | | | |
| *Entitätstyp* | Append | Read | Modify | Delete |
| | | | | |
| ... | | | | |

| Transaktion: Aufträge zu Kunde anzeigen | | | | |
|---|---|---|---|---|
| *Synonyme:* - | | | | |
| *Unterstützte Aufgabe(n):* <br> Auftragskorrektur prüfen | | | | |
| *Ausführungshäufigkeit/Jahr:* 1'500 | *Ausführungsart:* Online | | | |
| *Verbale Beschreibung:* <br> Präsentation einer Übersicht aller Aufträge zu einem Kunden. In dieser Übersicht kann ein Auftrag selektiert werden, um dann zu einer anderen Transaktion zu verzweigen. Einstiegspunkt in diese Transaktion ist die Kundennummer. In der Präsentation werden die Aufträge chronologisch nach der Auftragsnummer aufgeführt. Zu jedem Auftrag wird sein Status angegeben. Dieser kann sein: <br> - "erfaßt": Der Auftrag ist erfaßt. <br> - "bestätigt": Der Auftrag ist erfaßt und bestätigt bzw. modifiziert und bestätigt. Ein bestätigter Auftrag kommt in den Kommissionierlauf des Logistiksystems (Batch). <br> - "modifiziert": Der Auftrag wurde verändert. Damit er ausgeführt werden kann, muß die Veränderung noch bestätigt werden. <br> - "storniert": Der Auftrag ist storniert. Er wird aber nicht gelöscht, damit später Auswertungen bezüglich Storni durchgeführt werden können. <br> - "erledigt": Der Auftrag wurde ordnungsgemäß ausgeführt. | | | | |
| **Effekte** | | | | |
| *Entitätstyp* | Append | Read | Modify | Delete |
| Partner | | X | | |
| Ort | | X | | |
| Kunde | | X | | |
| Auftragskopf | | X | | |
| Auftragsstatus | | X | | |
| ... | | | | |

## 4.6. Transaktionsbeschreibungen pro Applikation

| Transaktion: **Auftrag online zentral erfassen** ||||
|---|---|---|---|
| *Synonyme:* - ||||
| *Unterstützte Aufgabe(n):* <br> Auftrag erfassen ||||
| *Ausführungshäufigkeit/Jahr:* 3'000 || *Ausführungsart:* Online ||
| *Verbale Beschreibung:* <br> Erfassen eines neuen Auftrages in der UNTEL. Einstiegspunkt in diese Transaktion ist die Partnernummer des entsprechenden Kunden. Die Auftragsnummer wird automatisch gesetzt und kann später nicht mehr modifiziert werden. Ein Auftrag kann nur erfaßt werden, wenn alle Auftragspositionen zum Liefertermin ausgeliefert werden können und der Auftrag das Kreditlimit des Kunden nicht sprengt. Die Kontrolle der Verfügbarkeit erfolgt wie in der Transaktion "Verfügbarkeit prüfen". Das Kreditlimit wird gesprengt, wenn: (Kreditlimit - Offene Rechnungspositionen - Auftragswert) < 0. Ein erfaßter Auftrag erhält den Status "erfaßt". ||||
| **Effekte** ||||
| *Entitätstyp* | Append | Read | Modify | Delete |
| Partner | | X | | |
| Ort | | X | | |
| Kunde | | X | | |
| Zahlungskondition | | X | | |
| Auftragskopf | X | X | | |
| Auftragsposition | X | X | | |
| Auftragsmutation | X | | | |
| Artikel | | X | X | |
| ABC-Kennung | | X | | |
| Mengeneinheit | | X | | |
| Bestellkopf | | X | | |
| Bestellposition | | X | | |
| ... | | | | |

| Transaktion: **Auftrag online durch Kunden erfassen** ||||
|---|---|---|---|
| *Synonyme:* - ||||
| *Unterstützte Aufgabe(n):* <br> Auftrag online erteilen ||||
| *Ausführungshäufigkeit/Jahr:* 3'000 || *Ausführungsart:* Online ||
| *Verbale Beschreibung:* <br> Erfassen eines neuen Auftrages durch einen Kunden. Einstiegspunkt in diese Transaktion ist die Partnernummer des entsprechenden Kunden. Sie wird automatisch vorgegeben. Die Auftragsnummer wird automatisch gesetzt und kann später nicht mehr modifiziert werden. Ein Auftrag kann nur erfaßt werden, wenn alle Auftragspositionen zum Liefertermin ausgeliefert werden können und der Auftrag das Kreditlimit des Kunden nicht sprengt. Die Kontrolle der Verfügbarkeit erfolgt wie in der Transaktion "Verfügbarkeit prüfen". Das Kreditlimit wird gesprengt, wenn: (Kreditlimit - Offene Rechnungspositionen - Auftragswert) < 0. Ein erfaßter Auftrag erhält den Status "bestätigt". Es wird keine Auftragsbestätigung gedruckt. ||||
| **Effekte** ||||
| *Entitätstyp* | Append | Read | Modify | Delete |
| Partner |  | X |  |  |
| Ort |  | X |  |  |
| Kunde |  | X |  |  |
| Zahlungskondition |  | X |  |  |
| Auftragskopf | X | X |  |  |
| Auftragsposition | X | X |  |  |
| Auftragsmutation | X |  |  |  |
| Artikel |  | X | X |  |
| ABC-Kennung |  | X |  |  |
| Mengeneinheit |  | X |  |  |
| Bestellkopf |  | X |  |  |
| Bestellposition |  | X |  |  |
| ... |  |  |  |  |

| Transaktion: Vertreterauftrag online erfassen |||||
|---|---|---|---|---|
| Synonyme: - |||||
| Unterstützte Aufgabe(n): <br> Auftrag über Vertreter entgegennehmen |||||
| Ausführungshäufigkeit/Jahr: 3'000 || Ausführungsart: Online |||
| Verbale Beschreibung: <br> Erfassen eines neuen Auftrages durch einen Vertreter oder in der UNTEL selbst. Einstiegspunkt in diese Transaktion ist die Partnernummer des entsprechenden Kunden. Die Auftragsnummer wird automatisch gesetzt und kann später nicht mehr modifiziert werden. Ein Auftrag kann nur erfaßt werden, wenn alle Auftragspositionen zum Liefertermin ausgeliefert werden können und der Auftrag das Kreditlimit des Kunden nicht sprengt. Die Kontrolle der Verfügbarkeit erfolgt wie in der Transaktion "Verfügbarkeit prüfen". Das Kreditlimit wird gesprengt, wenn: (Kreditlimit - Offene Rechnungspositionen - Auftragswert) < 0. Ein erfaßter Auftrag erhält den Status "erfaßt". Der Auftrag wird dem erfassenden Vertreter zugeordnet. |||||
| **Effekte** |||||
| Entitätstyp | Append | Read | Modify | Delete |
| Partner |  | X |  |  |
| Ort |  | X |  |  |
| Kunde |  | X |  |  |
| Vertreter |  | X |  |  |
| Zahlungskondition |  | X |  |  |
| Auftragskopf | X | X |  |  |
| Auftragsposition | X | X |  |  |
| Vertreterauftrag | X |  |  |  |
| Auftragsmutation | X |  |  |  |
| Artikel |  | X | X |  |
| ABC-Kennung |  | X |  |  |
| Mengeneinheit |  | X |  |  |
| Bestellkopf |  | X |  |  |
| Bestellposition |  | X |  |  |
| ... |  |  |  |  |

| |
|---|
| **Transaktion: Verfügbarkeit prüfen** |
| *Synonyme:* - |
| *Unterstützte Aufgabe(n):*<br>Auftrag akquirieren<br>Auftragskorrektur prüfen |

| | |
|---|---|
| *Ausführungshäufigkeit/Jahr:* 500 | *Ausführungsart:* Online |

*Verbale Beschreibung:*
Kontrolle, ob eine bestimmte Menge eines Artikels zu einem gewünschten Termin verfügbar ist. Einstiegspunkt in die Transaktion ist die Artikelnummer.

In einem ersten Schritt wird überprüft, ob der Liefertermin später als das Tagesdatum, addiert mit der durchschnittlichen Wiederbeschaffungszeit, liegt. Ist dies der Fall, dann gilt der Artikel als zum Liefertermin verfügbar.

Andernfalls sind B- und C-Artikel nicht verfügbar. Für A-Artikel muß dann untersucht werden, ob unter Berücksichtigung der gewünschten Menge zum Zeitpunkt des geplanten Liefertermins keine Unterdeckung entsteht: (heutiger Lagerbestand - Aufträge für den gewünschten Artikel mit Liefertermin von heute bis inklusive gewünschten Liefertermin + Bestellungen für den gewünschten Artikel mit Liefertermin von heute bis inklusive gewünschten Liefertermin) >= gewünschte Menge. Ist dies der Fall, muß noch kontrolliert werden, ob zwischen gewünschtem Liefertermin und frühestem Wiederbeschaffungstermin (= Tagesdatum + durchschnittliche Wiederbeschaffungszeit) eine Unterdeckung entsteht: (Lagerbestand nach Auslieferung des Artikels + Lieferungen - Aufträge) >= 0 für jeden Tag bis zum frühesten Wiederbeschaffungstermin.

```
PROGRAM Verfügbarkeit prüfen
    Artikelnummer eingeben
    gewünschte Menge eingeben
    Liefertermin eingeben
    IF Liefertermin < (Datum der Eingabe + durchschnittliche Wiederbeschaffungszeit)
    THEN
        IF (ABC-Kennung = B-Artikel) OR (ABC-Kennung = C-Artikel)
        THEN
            Verfügbarkeit = FALSE
        ELSE
            Tagesbestand = Lagerbestand am Eingabetag
            Ausliefertermin = Datum der Eingabe
            WHILE
                Ausliefertermin <= Liefertermin des Auftrages
                Tagesbestand = Tagesbestand - Auftragspositionen für den gewünschten
                    Artikel mit Liefertermin gleich Ausliefertermin + Bestellpositionen
                    für den gewünschten Artikel mit Liefertermin gleich Ausliefertermin
                Ausliefertermin = Ausliefertermin + 1
            ENDWHILE
            IF Tagesbestand < gewünschte Menge
            THEN
```

## 4.6. Transaktionsbeschreibungen pro Applikation

```
            Tagesbestand = Tagesbestand - gewünschte Menge
            WHILE (Ausliefertermin < (Datum der Eingabe + durchschnittliche
                Wiederbeschaffungszeit)) AND (Verfügbarkeit = TRUE)
                Tagesbestand = Tagesbestand - Auftragspositionen für den
                    gewünschten Artikel mit Liefertermin gleich Auslieftertermin +
                    Bestellpositionen für den gewünschten Artikel mit Liefertermin
                    gleich Auslieftertermin
                IF Tagesbestand < 0
                THEN
                    Verfügbarkeit = FALSE
                ELSE
                    Auslieftertermin = Auslieftertermin + 1
                ENDIF
            ENDWHILE
        ENDIF
    ENDIF
ELSE
    Verfügbarkeit = TRUE
ENDIF
Verfügbarkeit anzeigen
ENDPROGRAM
```

### Effekte

| Entitätstyp | Append | Read | Modify | Delete |
|---|---|---|---|---|
| Auftragskopf | | X | | |
| Auftragsposition | | X | | |
| Artikel | | X | | |
| ABC-Kennung | | X | | |
| Mengeneinheit | | X | | |
| Bestellkopf | | X | | |
| Bestellposition | | X | | |
| ... | | | | |

### Verwendete Bildschirmmasken

Verfügbarkeitsprüfung
Verfügbarkeitsdetails
Fehlermeldung Verfügbarkeit

### Erzeugte Listen/Messages

-

### Ausführungsberechtigte Stellen

| Zentrale Leitung Verkauf und Beratung | Vertreter |
| Regionale Leitung Verkauf und Beratung | Kunde |
| Verkaufsassistenz | |

## 4. Informationssystem

| Transaktion: Auftrag anzeigen | | | | |
|---|---|---|---|---|
| *Synonyme:* - | | | | |
| *Unterstützte Aufgabe(n):* Auftragskorrektur prüfen | | | | |
| *Ausführungshäufigkeit/Jahr:* 1'500 | | *Ausführungsart:* Online | | |
| *Verbale Beschreibung:* Anzeige der Auftragsdetails. Einstiegspunkt in diese Transaktion ist die Auftragsnummer. | | | | |
| **Effekte** | | | | |
| *Entitätstyp* | *Append* | *Read* | *Modify* | *Delete* |
| Partner | | X | | |
| Ort | | X | | |
| Kunde | | X | | |
| Auftragskopf | | X | | |
| Auftragsposition | | X | | |
| Auftragsstatus | | X | | |
| Vertreterauftrag | | X | | |
| Vertriebskanal | | X | | |
| Auftragsmutation | | X | | |
| Auftragsmutationscode | | X | | |
| Artikel | | X | | |
| ABC-Kennung | | X | | |
| Mengeneinheit | | X | | |
| ... | | | | |

| Transaktion: EDIFACT-Purchase Order Message annehmen | | | | |
|---|---|---|---|---|
| *Synonyme:* - | | | | |
| *Unterstützte Aufgabe(n):* Auftrag bestätigen | | | | |
| *Ausführungshäufigkeit/Jahr:* 6'000 | | *Ausführungsart:* Batch | | |
| *Verbale Beschreibung:* Aufnahme eines EDIFACT-Auftrages in den Auftragsbestand. Der Auftrag erhält den Status "bestätigt". Auftragsbestätigung per Purchase Order Response Message. | | | | |
| **Effekte** | | | | |
| *Entitätstyp* | *Append* | *Read* | *Modify* | *Delete* |
| Auftragskopf | | | X | |
| Auftragsposition | X | | | |
| Auftragsmutation | X | | | |
| EDIFACT-Auftragskopf | | | | X |
| EDIFACT-Auftragsposition | | | | X |
| ... | | | | |

## 4.6. Transaktionsbeschreibungen pro Applikation

**Transaktion: EDIFACT-Purchase Order Message ablehnen**

*Synonyme:* -

*Unterstützte Aufgabe(n):*
Auftrag bestätigen

| *Ausführungshäufigkeit/Jahr:* 500 | *Ausführungsart:* Batch |
|---|---|

*Verbale Beschreibung:*
Löschen eines entgegengenommenen EDIFACT-Auftrages. Ablehnungsbescheid per Purchase Order Response Message.

**Effekte**

| Entitätstyp | Append | Read | Modify | Delete |
|---|---|---|---|---|
| Auftragskopf | | | | X |
| Auftragsmutation | | | | X |
| EDIFACT-Auftragskopf | | | | X |
| EDIFACT-Auftragsposition | | | | X |
| ... | | | | |

**Transaktion: EDIFACT-Purchase Order Change Message annehmen - Modifizieren**

*Synonyme:* -

*Unterstützte Aufgabe(n):*
Auftrag anpassen
Auftragskorrektur bestätigen

| *Ausführungshäufigkeit/Jahr:* 550 | *Ausführungsart:* Online |
|---|---|

*Verbale Beschreibung:*
Modifizieren eines Auftrages. Es können nur Aufträge modifiziert werden, die den Status "erfaßt", "modifiziert" oder "bestätigt" haben. Die Purchase Order Change Message wird gelöscht und eine Purchase Order Response Message erstellt. Falls ein Vertreterauftrag definiert war, bleibt dieser erhalten. Der Vertriebskanal wird nicht verändert. Einstiegspunkt in diese Transaktion ist die Auftragsnummer.

**Effekte**

| Entitätstyp | Append | Read | Modify | Delete |
|---|---|---|---|---|
| Auftragskopf | | X | X | |
| Auftragsposition | X | X | X | X |
| Auftragsstatus | | X | | |
| Auftragsmutation | X | | | |
| EDIFACT-Auftragskopf | | | | X |
| EDIFACT-Auftragsposition | | | | X |
| Artikel | | X | X | |
| ABC-Kennung | | X | | |
| Mengeneinheit | | X | | |
| ... | | | | |

## 4. Informationssystem

| Transaktion: EDIFACT-Purchase Order Change Message annehmen - Stornieren ||||
|---|---|---|---|
| Synonyme: - ||||
| Unterstützte Aufgabe(n): <br> Auftrag anpassen <br> Auftragskorrektur bestätigen ||||
| Ausführungshäufigkeit/Jahr: 110 || Ausführungsart: Online ||
| Verbale Beschreibung: <br> Stornieren eines Auftrages. Es können nur Aufträge storniert werden, die den Status "erfaßt", "modifiziert" oder "bestätigt" haben. Der Auftrag erhält den Status "storniert". Die Stornierung kann nicht mehr rückgängig gemacht werden. Die Purchase Order Change Message wird gelöscht und eine Purchase Order Response Message erstellt. Falls ein Vertreterauftrag definiert war, bleibt dieser erhalten. Der Vertriebskanal wird nicht verändert. Einstiegspunkt in diese Transaktion ist die Auftragsnummer. ||||
| **Effekte** ||||

| Entitätstyp | Append | Read | Modify | Delete |
|---|---|---|---|---|
| Auftragskopf | | X | X | |
| Auftragsposition | | X | | |
| Auftragsstatus | | X | | |
| Auftragsmutation | X | | | |
| EDIFACT-Auftragskopf | | | | X |
| EDIFACT-Auftragsposition | | | | X |
| Artikel | | X | X | |
| ABC-Kennung | | X | | |
| Mengeneinheit | | X | | |
| ... | | | | |

| Transaktion: EDIFACT-Purchase Order Change Message entgegennehmen | | | | |
|---|---|---|---|---|
| Synonyme: - | | | | |
| Unterstützte Aufgabe(n): EDIFACT Purchase Order erfassen | | | | |
| Ausführungshäufigkeit/Jahr: 825 | | Ausführungsart: Batch | | |
| Verbale Beschreibung: Entgegennahme einer Purchase Order Change Message. Eine Purchase Order Change Message wird nur dann entgegengenommen, wenn bereits ein Auftrag mit der entsprechenden Auftragsnummer besteht. | | | | |
| **Effekte** | | | | |
| Entitätstyp | Append | Read | Modify | Delete |
| Partner | | X | | |
| Ort | | X | | |
| Kunde | | X | | |
| Auftragskopf | | X | | |
| EDIFACT-Auftragskopf | X | | | |
| EDIFACT-Auftragsposition | X | | | |
| | | | | |
| ... | | | | |

| Transaktion: EDIFACT-Purchase Order Change Message ablehnen | | | | |
|---|---|---|---|---|
| Synonyme: - | | | | |
| Unterstützte Aufgabe(n): Auftrag anpassen Auftragskorrektur bestätigen | | | | |
| Ausführungshäufigkeit/Jahr: 155 | | Ausführungsart: Online | | |
| Verbale Beschreibung: Ablehnung einer Purchase Order Change Message (keine Auftragsmodifikation bzw. -stornierung). Die Purchase Order Change Message wird gelöscht und eine Purchase Order Response Message erstellt. Einstiegspunkt in diese Transaktion ist die Auftragsnummer. | | | | |
| **Effekte** | | | | |
| Entitätstyp | Append | Read | Modify | Delete |
| Auftragskopf | | X | | |
| Auftragsposition | | X | | |
| Auftragsstatus | | X | | |
| EDIFACT-Auftragskopf | | | | X |
| EDIFACT-Auftragsposition | | | | X |
| | | | | |
| ... | | | | |

| Transaktion: EDIFACT-Purchase Order Message entgegennehmen und prüfen | | | | |
|---|---|---|---|---|
| Synonyme: - | | | | |
| Unterstützte Aufgabe(n): EDIFACT Purchase Order erfassen | | | | |
| Ausführungshäufigkeit/Jahr: 6'500 | | Ausführungsart: Batch | | |
| Verbale Beschreibung: | | | | |
| Entgegennahme eines erhaltenen EDIFACT-Auftrages. Die Auftragsnummer wird automatisch gesetzt und kann später nicht mehr modifiziert werden. Kontrolle, ob alle Auftragspositionen zum Liefertermin ausgeliefert werden können und der Auftrag das Kreditlimit des Kunden nicht sprengt. Ist dies der Fall, wird automatisch die Transaktion "EDIFACT-Purchase Order Message annehmen" aktiviert, andernfalls die Transaktion "EDIFACT-Purchase Order Message ablehnen". Die Kontrolle der Verfügbarkeit erfolgt wie in der Transaktion "Verfügbarkeit prüfen". Das Kreditlimit wird gesprengt, wenn: (Kreditlimit - Offene Rechnungspositionen - Auftragswert) < 0. Der Auftrag erhält den Status "erfaßt". | | | | |
| **Effekte** | | | | |
| Entitätstyp | Append | Read | Modify | Delete |
| Partner | | X | | |
| Ort | | X | | |
| Kunde | | X | | |
| Auftragskopf | X | X | | |
| Auftragsposition | | X | | |
| Auftragsmutation | X | | | |
| EDIFACT-Auftragskopf | X | | | |
| EDIFACT-Auftragsposition | X | | | |
| Artikel | | X | | |
| Bestellkopf | | X | | |
| Bestellposition | | X | | |
| ... | | | | |

## 4.6. Transaktionsbeschreibungen pro Applikation

| Transaktion: Auftrags-, Modifikationsbestätigung drucken ||||
|---|---|---|---|
| Synonyme: - ||||
| Unterstützte Aufgabe(n):  Auftrag bestätigen  Auftragskorrektur bestätigen ||||
| Ausführungshäufigkeit/Jahr: 6'595 | | Ausführungsart: Batch ||
| Verbale Beschreibung:  Druck einer Auftragsbestätigung für einen neuen oder modifizierten Auftrag. Für EDIFACT-Aufträge wird keine Auftragsbestätigung gedruckt. Der Status des Auftrages wechselt von "erfaßt" bzw. "modifiziert" zu "bestätigt". ||||
| **Effekte** ||||
| Entitätstyp | Append | Read | Modify | Delete |
| Partner |  | X |  |  |
| Ort |  | X |  |  |
| Kunde |  | X |  |  |
| Auftragskopf |  |  | X |  |
| Auftragsposition |  | X |  |  |
| Artikel |  | X |  |  |
| ABC-Kennung |  | X |  |  |
| Mengeneinheit |  | X |  |  |
| ... ||||

| Transaktion: Stornobestätigung drucken ||||
|---|---|---|---|
| Synonyme: - ||||
| Unterstützte Aufgabe(n):  Auftragskorrektur bestätigen ||||
| Ausführungshäufigkeit/Jahr: 90 | | Ausführungsart: Batch ||
| Verbale Beschreibung:  Druck der Bestätigung eines Stornos. ||||
| **Effekte** ||||
| Entitätstyp | Append | Read | Modify | Delete |
| Partner |  | X |  |  |
| Ort |  | X |  |  |
| Kunde |  | X |  |  |
| Auftragskopf |  | X |  |  |
| Auftragsposition |  | X |  |  |
| Artikel |  | X |  |  |
| ABC-Kennung |  | X |  |  |
| Mengeneinheit |  | X |  |  |
| ... ||||

| Transaktion: Aufträge selektiv archivieren ||||
|---|---|---|---|---|
| Synonyme: - |||||
| Unterstützte Aufgabe(n): Verkauf |||||
| Ausführungshäufigkeit/Jahr: 1 || Ausführungsart: Batch |||
| Verbale Beschreibung: Auslagern von Aufträgen, die den Status "storniert" oder "erledigt" haben. Diese Aufträge werden mitsamt den dazugehörigen Kundendaten auf ein externes Medium ausgelagert. Die ausgelagerten Daten werden physisch gelöscht. |||||
| **Effekte** |||||
| Entitätstyp | Append | Read | Modify | Delete |
| Partner | | X | | X |
| Ort | | X | | X |
| Kunde | | X | | X |
| KundendatenInaktuell | | X | | X |
| Vertreter | | X | | |
| Region | | X | | |
| Kundenbetreuung | | X | | X |
| Auftragskopf | | X | | X |
| Auftragsposition | | X | | X |
| Vertreterauftrag | | X | | X |
| Auftragsmutation | | X | | X |
| Artikel | | X | | |
| ... |||||

## 4.6. Transaktionsbeschreibungen pro Applikation 147

| Transaktion: Auftrag modifizieren | | | | |
|---|---|---|---|---|
| *Synonyme:* - | | | | |
| *Unterstützte Aufgabe(n):* Auftrag anpassen Sonderfälle klären | | | | |
| *Ausführungshäufigkeit/Jahr:* 1'595 | | *Ausführungsart:* Online | | |
| *Verbale Beschreibung:* Modifikation eines Auftrages. Ein Auftrag kann nur modifiziert werden, wenn er den Status "erfaßt", "modifiziert" oder "bestätigt" hat. Vertreteraufträge bleiben bestehen. Der Vertriebskanal wird nicht verändert. Einstiegspunkt ist die Auftragsnummer. | | | | |
| **Effekte** | | | | |
| *Entitätstyp* | *Append* | *Read* | *Modify* | *Delete* |
| Auftragskopf | | X | X | |
| Auftragsposition | X | X | X | X |
| Auftragsstatus | | X | | |
| Auftragsmutation | X | | | |
| Artikel | | X | X | |
| ABC-Kennung | | X | | |
| Mengeneinheit | | X | | |
| ... | | | | |

| Transaktion: Archivierte Aufträge selektiv einspielen | | | | |
|---|---|---|---|---|
| *Synonyme:* - | | | | |
| *Unterstützte Aufgabe(n):* Verkauf | | | | |
| *Ausführungshäufigkeit/Jahr:* 1 | | *Ausführungsart:* Batch | | |
| *Verbale Beschreibung:* Einspielen von archivierten Aufträgen. | | | | |
| **Effekte** | | | | |
| *Entitätstyp* | *Append* | *Read* | *Modify* | *Delete* |
| Partner | X | | | |
| Ort | X | X | | |
| Kunde | X | | | |
| KundendatenInaktuell | X | | | |
| Kundenbetreuung | X | | | |
| Auftragskopf | X | | | |
| Auftragsposition | X | | | |
| Vertreterauftrag | X | | | |
| Auftragsmutation | X | | | |
| ... | | | | |

148   4. Informationssystem

| Transaktion: Auftrag stornieren |||||
|---|---|---|---|---|
| *Synonyme:* - |||||
| *Unterstützte Aufgabe(n):* <br> Auftrag anpassen |||||
| *Ausführungshäufigkeit/Jahr:* 90 || *Ausführungsart:* Online |||
| *Verbale Beschreibung:* <br> Stornieren eines Auftrages. Es können nur Aufträge storniert werden, die den Status "erfaßt", "modifiziert" oder "bestätigt" haben. Der Auftrag erhält den Status "storniert". Die Stornierung kann nicht mehr rückgängig gemacht werden. Falls vor der Stornierung ein Vertreterauftrag vorhanden war, bleibt dieser erhalten. Einstiegspunkt in diese Transaktion ist die Auftragsnummer. |||||
| **Effekte** |||||
| *Entitätstyp* | *Append* | *Read* | *Modify* | *Delete* |
| Auftragskopf | | X | X | |
| Auftragsposition | | X | | |
| Auftragsstatus | | X | | |
| Auftragsmutation | X | | | |
| Artikel | | X | X | |
| ABC-Kennung | | X | | |
| Mengeneinheit | | X | | |
| ... | | | | |

## Verkaufsführung

| Transaktion: Starttransaktion Verkaufsführung |||||
|---|---|---|---|---|
| *Synonyme:* - |||||
| *Unterstützte Aufgabe(n):* <br> - |||||
| *Ausführungshäufigkeit/Jahr:* 150 || *Ausführungsart:* Online |||
| *Verbale Beschreibung:* <br> - |||||
| **Effekte** |||||
| *Entitätstyp* | *Append* | *Read* | *Modify* | *Delete* |
| | | | | |
| ... | | | | |

## 4.6. Transaktionsbeschreibungen pro Applikation

| Transaktion: Etiketten drucken | | | | |
|---|---|---|---|---|
| *Synonyme:* - | | | | |
| *Unterstützte Aufgabe(n):* Verkauf | | | | |
| *Ausführungshäufigkeit/Jahr:* 50 | *Ausführungsart:* Online | | | |
| *Verbale Beschreibung:* Ausdruck von Etiketten von Kunden zu einem Vertreter, zu allen Vertretern einer Region oder zu allen Vertretern des Geschäftes oder zu allen Kunden. Die Selektion kann durch Angabe eines Intervalles für den Kundennamen eingeschränkt werden. | | | | |
| **Effekte** | | | | |
| *Entitätstyp* | *Append* | *Read* | *Modify* | *Delete* |
| Partner | | X | | |
| Ort | | X | | |
| Kunde | | X | | |
| Vertreter | | X | | |
| Region | | X | | |
| Kundenbetreuung | | X | | |
| ... | | | | |

| Transaktion: Kundenumsatz in Zeitabschnitt ermitteln | | | | |
|---|---|---|---|---|
| *Synonyme:* - | | | | |
| *Unterstützte Aufgabe(n):* Absatzzahlen bereitstellen Ist-Werte erheben | | | | |
| *Ausführungshäufigkeit/Jahr:* 12 | *Ausführungsart:* Batch | | | |
| *Verbale Beschreibung:* Ermittlung des Umsatzes eines oder aller Kunden. Maßgebend für die Berechnungen ist der effektive Liefertermin der erledigten Aufträge. | | | | |
| **Effekte** | | | | |
| *Entitätstyp* | *Append* | *Read* | *Modify* | *Delete* |
| Partner | | X | | |
| Ort | | X | | |
| Kunde | | X | | |
| Auftragskopf | | X | | |
| Auftragsposition | | X | | |
| Artikel | | X | | |
| ... | | | | |

## 4. Informationssystem

| Transaktion: Regionenumsatz in Zeitabschnitt ermitteln |||||
|---|---|---|---|---|
| Synonyme: - |||||
| Unterstützte Aufgabe(n): <br> Absatzzahlen bereitstellen <br> Ist-Werte erheben |||||
| Ausführungshäufigkeit/Jahr: 12 | | Ausführungsart: Batch |||
| Verbale Beschreibung: <br> Ermittlung des Regionenumsatzes einer oder aller Regionen in einem Zeitabschnitt. Maßgebend für die Berechnungen ist der effektive Liefertermin der erledigten Aufträge. |||||
| **Effekte** |||||
| Entitätstyp | Append | Read | Modify | Delete |
| Kunde | | X | | |
| Region | | X | | |
| Auftragskopf | | X | | |
| Auftragsposition | | X | | |
| | | | | |
| ... |||||

| Transaktion: Vertreterumsatz in Zeitabschnitt ermitteln |||||
|---|---|---|---|---|
| Synonyme: - |||||
| Unterstützte Aufgabe(n): <br> Absatzzahlen bereitstellen <br> Ist-Werte erheben |||||
| Ausführungshäufigkeit/Jahr: 12 | | Ausführungsart: Batch |||
| Verbale Beschreibung: <br> Ermittlung des mittels Vertreteraufträgen erzielten Umsatzes, des Umsatzes aus Nicht-Vertreteraufträgen und des Gesamtumsatzes eines oder aller Vertreter in einem Zeitabschnitt. Maßgebend für die Berechnungen ist der effektive Liefertermin der erledigten Aufträge. |||||
| **Effekte** |||||
| Entitätstyp | Append | Read | Modify | Delete |
| Partner | | X | | |
| Ort | | X | | |
| Kunde | | X | | |
| Vertreter | | X | | |
| Kundenbetreuung | | X | | |
| Auftragskopf | | X | | |
| Auftragsposition | | X | | |
| Vertreterauftrag | | X | | |
| Artikel | | X | | |
| | | | | |
| ... |||||

## 4.6. Transaktionsbeschreibungen pro Applikation

| Transaktion: Neu aufgenommene Kunden in Zeitabschnitt ermitteln ||||
|---|---|---|---|
| Synonyme: - ||||
| Unterstützte Aufgabe(n): <br> Ist-Werte erheben ||||
| Ausführungshäufigkeit/Jahr: 6 | Ausführungsart: Batch |||
| Verbale Beschreibung: <br> Ermittlung der Anzahl und der Adreßdaten aller in einem Zeitabschnitt aufgenommenen Kunden. ||||
| **Effekte** ||||
| Entitätstyp | Append | Read | Modify | Delete |
| Partner | | X | | |
| Ort | | X | | |
| Kunde | | X | | |
| | | | | |
| ... | | | | |

| Transaktion: Anzahl, Umsatz und Anteil der Aufträge an der Gesamtzahl Aufträge pro Vertriebskanal ermitteln ||||
|---|---|---|---|
| Synonyme: - ||||
| Unterstützte Aufgabe(n): <br> Ist-Werte erheben ||||
| Ausführungshäufigkeit/Jahr: 6 | Ausführungsart: Batch |||
| Verbale Beschreibung: <br> Ermittlung der Anzahl und des Umsatzes pro Vertriebskanal (Auftragskanal). Ermittlung des Anteils an der Gesamtzahl Aufträge und am Umsatz. Maßgebend für die Berechnung ist der effektive Liefertermin der erledigten Aufträge. ||||
| **Effekte** ||||
| Entitätstyp | Append | Read | Modify | Delete |
| Auftragskopf | | X | | |
| Vertriebskanal | | X | | |
| | | | | |
| ... | | | | |

| Transaktion: Umsatz pro Artikel(-Gruppe) in Zeitabschnitt ermitteln ||||
|---|---|---|---|---|
| Synonyme: - |||||
| Unterstützte Aufgabe(n): |||||
| Absatzzahlen bereitstellen |||||
| Ist-Werte erheben |||||
| Ausführungshäufigkeit/Jahr: 12 || Ausführungsart: Batch |||
| Verbale Beschreibung: |||||
| Ermittlung des Umsatzes eines oder aller Artikel oder einer oder aller Artikelgruppen. Maßgebend für die Berechnungen ist der effektive Liefertermin der erledigten Aufträge. |||||
| **Effekte** |||||
| Entitätstyp | Append | Read | Modify | Delete |
| Auftragskopf | | X | | |
| Auftragsposition | | X | | |
| Artikelgruppe | | X | | |
| Strukturelement | | X | | |
| Artikel | | X | | |
| ... | | | | |

| Transaktion: Storni pro Kunde in Zeitabschnitt ermitteln ||||
|---|---|---|---|---|
| Synonyme: - |||||
| Unterstützte Aufgabe(n): |||||
| Ist-Werte erheben |||||
| Ausführungshäufigkeit/Jahr: 6 || Ausführungsart: Batch |||
| Verbale Beschreibung: |||||
| Ermittlung der Storni eines Kunden, aller Kunden in einer Region oder aller Kunden in der Schweiz in einem Zeitabschnitt. |||||
| **Effekte** |||||
| Entitätstyp | Append | Read | Modify | Delete |
| Partner | | X | | |
| Ort | | X | | |
| Kunde | | X | | |
| Region | | X | | |
| Auftragskopf | | X | | |
| ... | | | | |

## 4.6. Transaktionsbeschreibungen pro Applikation

| Transaktion: Storni pro Vertreter in Zeitabschnitt ermitteln ||||||
|---|---|---|---|---|---|
| Synonyme: - |||||||
| Unterstützte Aufgabe(n): <br> Ist-Werte erheben ||||||
| Ausführungshäufigkeit/Jahr: 6 | | Ausführungsart: Batch ||||
| Verbale Beschreibung: <br> Ermittlung der Storni der Kunden eines Vertreters, aller Vertreter einer Region oder des gesamten Geschäftes. ||||||
| **Effekte** ||||||
| Entitätstyp | Append | Read | Modify | Delete |
| Partner | | X | | |
| Ort | | X | | |
| Vertreter | | X | | |
| Region | | X | | |
| Auftragskopf | | X | | |
| Vertreterauftrag | | X | | |
| ... | | | | |

| Transaktion: Anzahl und Anteil der Korrekturen an der Gesamtzahl Korrekturen pro Korrekturkanal ermitteln ||||||
|---|---|---|---|---|---|
| Synonyme: - |||||||
| Unterstützte Aufgabe(n): <br> Ist-Werte erheben ||||||
| Ausführungshäufigkeit/Jahr: 6 | | Ausführungsart: Batch ||||
| Verbale Beschreibung: <br> Ermittlung der Anzahl Korrekturen (Modifikationen und Storni) pro Korrekturkanal (manuell und EDIFACT) und des jeweiligen Anteils an der Gesamtzahl der Korrekturen. Maßgebend für die Ermittlung ist der Termin der Erfassung der Korrektur. ||||||
| **Effekte** ||||||
| Entitätstyp | Append | Read | Modify | Delete |
| Auftragskopf | | X | | |
| Auftragsmutation | | X | | |
| ... | | | | |

154    4. Informationssystem

## 4.7.    Effektmodell pro Applikation
### Kundenverwaltung

| ENTITÄTSTYP IN DB | Starttransaktion Kundenverwaltung | Kundenadresse suchen/anzeigen | Potentiellen Kunden anzeigen | Potentiellen Kunden erfassen | Kunde aufnehmen | Potentiellen Kunden löschen | Kundenstammdaten kopieren | Kundendaten modifizieren | Kundenbetreuung modifizieren | Kunde löschen | Kundendaten aktualisieren | Offene Rechnungspositionen einspielen |
|---|---|---|---|---|---|---|---|---|---|---|---|---|
| *Partnerdatenbank* | | | | | | | | | | | | |
| Partner | | R | R | A | R | RD | AR | R | R | RD | M | |
| Ort | | R | R | AR | R | | R | R | R | | ARM | |
| Kunde | | R | | | A | | AR | R | R | RD | M | M |
| KundendatenInaktuell | | R | | | | | | A | | D | AD | |
| PotentiellerKunde | | | R | A | D | RD | | | | | | |
| Vertreter | | R | | | R | | | R | R | | | |
| Region | | R | | | R | | R | R | | | | |
| Kundenbetreuung | | R | | | A | | AR | | AR | RD | | |
| Zahlungskondition | | R | | | R | | | R | | | | |
| Geschäftstyp | | R | R | R | R | | | R | | | | |
| *Auftragsdatenbank* | | | | | | | | | | | | |
| Auftragskopf | | | | | | | | | | R | | |
| Auftragsposition | | | | | | | | | | | | |
| Auftragsstatus | | | | | | | | | | | | |
| Vertreterauftrag | | | | | | | | | | | | |
| Vertriebskanal | | | | | | | | | | | | |
| Auftragsmutation | | | | | | | | | | | | |
| Auftragsmutationscode | | | | | | | | | | | | |
| EDIFACT-Auftragskopf | | | | | | | | | | | | |
| EDIFACT-Auftragsposition | | | | | | | | | | | | |
| EDIFACT-Nachrichtentyp | | | | | | | | | | | | |

## Auftragsverwaltung

| ENTITÄTSTYP IN DB | Starttransaktion Auftragsverwaltung | Aufträge zu Kunde anzeigen | Auftrag anzeigen | Verfügbarkeit prüfen | Auftrag online zentral erfassen | Auftrag online durch Kunden erfassen | Vertreterauftrag online erfassen | Auftrags-, Modifikationsbestätigung drucken | Stornobestätigung drucken | Auftrag stornieren | Auftrag modifizieren |
|---|---|---|---|---|---|---|---|---|---|---|---|
| *Partnerdatenbank* | | | | | | | | | | | |
| Partner | | R | R | | R | R | R | R | R | | |
| Ort | | R | R | | R | R | R | R | R | | |
| Kunde | | R | R | | R | R | R | R | R | | |
| KundendatenInaktuell | | | | | | | | | | | |
| PotentiellerKunde | | | | | | | | | | | |
| Vertreter | | | | | | | R | | | | |
| Region | | | | | | | | | | | |
| Kundenbetreuung | | | | | | | | | | | |
| Zahlungskondition | | | | | R | R | R | | | | |
| Geschäftstyp | | | | | | | | | | | |
| *Auftragsdatenbank* | | | | | | | | | | | |
| Auftragskopf | | R | R | R | AR | AR | AR | M | R | RM | RM |
| Auftragsposition | | | R | R | AR | AR | AR | R | R | R | ARMD |
| Auftragsstatus | R | R | | | | | | | | R | R |
| Vertreterauftrag | | | R | | | | A | | | | |
| Vertriebskanal | | | R | | | | | | | | |
| Auftragsmutation | | | R | | A | A | A | | | A | A |
| Auftragsmutationscode | | | R | | | | | | | | |
| EDIFACT- Auftragskopf | | | | | | | | | | | |
| EDIFACT-Auftragsposition | | | | | | | | | | | |
| EDIFACT-Nachrichtentyp | | | | | | | | | | | |
| *Artikeldatenbank* | | | | | | | | | | | |
| Artikelgruppenbetreuung | | | | | | | | | | | |
| Artikelgruppe | | | | | | | | | | | |
| Strukturelement | | | | | | | | | | | |
| Artikel | | | R | R | RM | RM | RM | R | RM | RM | R |
| ABC-Kennung | | | R | R | R | R | R | R | R | R | R |
| Mengeneinheit | | | R | R | R | R | R | R | R | R | R |
| *Bestelldatenbank* | | | | | | | | | | | |
| Bestellkopf | | | | | R | R | R | R | | | |
| Bestellposition | | | | | R | R | R | R | | | |
| Bestellstatus | | | | | | | | | | | |
| Bestellmutation | | | | | | | | | | | |
| Bestellmutationscode | | | | | | | | | | | |

## Auftragsverwaltung (Fortsetzung)

| ENTITÄTSTYP IN DB | EDIFACT-Purchase Order Message entgegennehmen und prüfen | EDIFACT-Purchase Order Message annehmen | EDIFACT-Purchase Order Message ablehnen | EDIFACT-Purchase Order Change Message entgegennehmen | EDIFACT-Purchase Order Change Message anzeigen | EDIFACT-Purchase Order Change Message annehmen - Stornieren | EDIFACT-Purchase Order Change Message annehmen - Modifizieren | EDIFACT-Purchase Order Change Message ablehnen | Aufträge selektiv archivieren | Archivierte Aufträge selektiv einspielen |
|---|---|---|---|---|---|---|---|---|---|---|
| *Partnerdatenbank* | | | | | | | | | | |
| Partner | R | | | R | R | | | | RD | A |
| Ort | R | | | R | R | | | | RD | AR |
| Kunde | R | | | R | R | | | | RD | A |
| KundendatenInaktuell | | | | | | | | | RD | A |
| PotentiellerKunde | | | | | | | | | | |
| Vertreter | | | | | | | | | R | |
| Region | | | | | | | | | R | |
| Kundenbetreuung | | | | | | | | | RD | A |
| Zahlungskondition | | | | | | | | | | |
| Geschäftstyp | | | | | | | | | | |
| *Auftragsdatenbank* | | | | | | | | | | |
| Auftragskopf | AR | M | D | R | R | RM | RM | R | RD | A |
| Auftragsposition | R | A | | | R | R | ARMD | R | RD | A |
| Auftragsstatus | | | | | R | R | R | R | | |
| Vertreterauftrag | | | | | | | | | RD | A |
| Vertriebskanal | | | | | | | | | | |
| Auftragsmutation | A | A | D | | | A | A | | RD | A |
| Auftragsmutationscode | | | | | | | | | | |
| EDIFACT- Auftragskopf | A | D | D | A | R | D | D | D | | |
| EDIFACT-Auftragsposition | A | D | D | A | R | D | D | D | | |
| EDIFACT-Nachrichtentyp | | | | | | | | | | |
| *Artikeldatenbank* | | | | | | | | | | |
| Artikelgruppenbetreuung | | | | | | | | | | |
| Artikelgruppe | | | | | | | | | | |
| Strukturelement | | | | | | | | | | |
| Artikel | R | M | | | R | RM | RM | | R | |
| ABC-Kennung | | | | | R | R | R | | | |
| Mengeneinheit | | | | | R | R | R | | | |
| *Bestelldatenbank* | | | | | | | | | | |
| Bestellkopf | R | | | | | | | | | |
| Bestellposition | R | | | | | | | | | |
| Bestellstatus | | | | | | | | | | |
| Bestellmutation | | | | | | | | | | |
| Bestellmutationscode | | | | | | | | | | |

## Verkaufsführung

| ENTITÄTSTYP IN DB | Starttransaktion Verkaufsführung | Etiketten drucken | Neu aufgenommene Kunden in Zeitabschnitt ermitteln | Regionenumsatz in Zeitabschnitt ermitteln | Vertreterumsatz in Zeitabschnitt ermitteln | Kundenumsatz in Zeitabschnitt ermitteln | Anzahl, Umsatz und Anteil der Aufträge an der Gesamtzahl Aufträge pro Vertriebskanal ermitteln | Umsatz pro Artikel(-Gruppe) in Zeitabschnitt ermitteln | Storni pro Kunde in Zeitabschnitt ermitteln | Storni pro Vertreter in Zeitabschnitt ermitteln | Anzahl und Anteil der Korrekturen an der Gesamtzahl Korrekturen pro Korrekturkanal ermitteln |
|---|---|---|---|---|---|---|---|---|---|---|---|
| *Partnerdatenbank* | | | | | | | | | | | |
| Partner | R | R | | R | R | | | | R | R | |
| Ort | R | R | | R | R | | | | R | R | |
| Kunde | R | R | R | R | R | | | | R | | |
| KundendatenInaktuell | | | | | | | | | | | |
| PotentiellerKunde | | | | | | | | | | | |
| Vertreter | R | | | R | | | | | | R | |
| Region | R | | R | | | | | | R | R | |
| Kundenbetreuung | R | | | R | | | | | | | |
| Zahlungskondition | | | | | | | | | | | |
| Geschäftstyp | | | | | | | | | | | |
| *Auftragsdatenbank* | | | | | | | | | | | |
| Auftragskopf | | | R | R | R | R | | R | R | R | R |
| Auftragsposition | | | R | R | R | | | R | | | |
| Auftragsstatus | | | | | | | | | | | |
| Vertreterauftrag | | | | R | | | | | | R | |
| Vertriebskanal | | | | | | | R | | | | |
| Auftragsmutation | | | | | | | | | | | R |
| Auftragsmutationscode | | | | | | | | | | | |
| EDIFACT-Auftragskopf | | | | | | | | | | | |
| EDIFACT-Auftragsposition | | | | | | | | | | | |
| EDIFACT-Nachrichtentyp | | | | | | | | | | | |
| *Artikeldatenbank* | | | | | | | | | | | |
| Artikelgruppenbetreuung | | | | | | | | | | | |
| Artikelgruppe | | | | | | | | R | | | |
| Strukturelement | | | | | | | | R | | | |
| Artikel | | | | R | R | R | | R | | | |
| ABC-Kennung | | | | | | | | | | | |
| Mengeneinheit | | | | | | | | | | | |

## 4.8. Entity-Life-Histories

## Entitätstyp Kunde

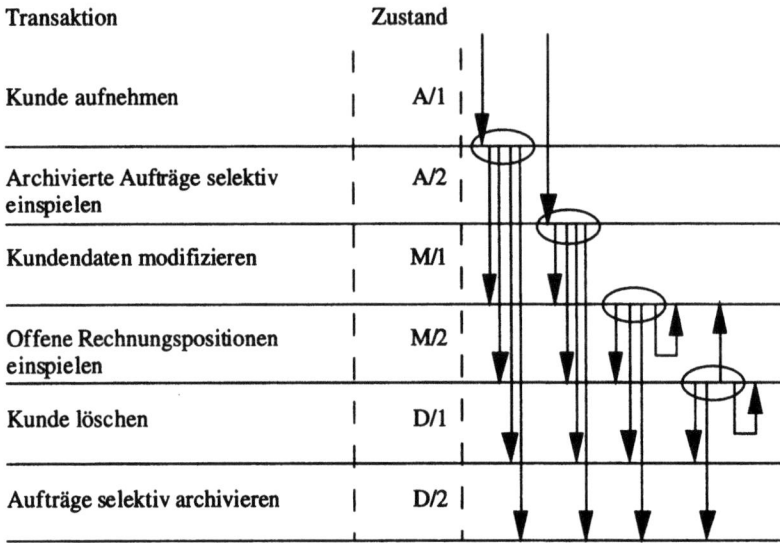

| Transaktion | Zustand |
|---|---|
| Kunde aufnehmen | A/1 |
| Archivierte Aufträge selektiv einspielen | A/2 |
| Kundendaten modifizieren | M/1 |
| Offene Rechnungspositionen einspielen | M/2 |
| Kunde löschen | D/1 |
| Aufträge selektiv archivieren | D/2 |

## Entitätstyp Auftragskopf

| Transaktion | Zustand |
|---|---|
| Auftrag online zentral erfassen | A/1 (erfaßt) |
| Vertreterauftrag online erfassen | A/2 (erfaßt) |
| EDIFACT-Purchase Order Message entgegennehmen und prüfen | A/3 (erfaßt) |
| Auftrag online durch Kunden erfassen | A/4 (bestätigt) |
| Archivierte Aufträge selektiv einspielen | A/5 (storniert) |
| Archivierte Aufträge selektiv einspielen | A/6 (erledigt) |
| Auftrags-, Modifikationsbestätigung drucken | M/1 (bestätigt) |
| EDIFACT-Purchase Order Message annehmen | M/2 (bestätigt) |
| EDIFACT-Purchase Order Change Message annehmen-Modifizieren | M/3 (bestätigt) |
| Auftrag modifizieren | M/4 (modifiziert) |
| Auftrag stornieren | M/5 (storniert) |
| EDIFACT-Purchase Order Change Message annehmen-Stornieren | M/6 (storniert) |
| Auftrag ausführen (Transaktion in Logistik) | M/7 (erledigt) |
| Aufträge selektiv archivieren | D/1 |
| EDIFACT-Purchase Order Message ablehnen | D/2 |

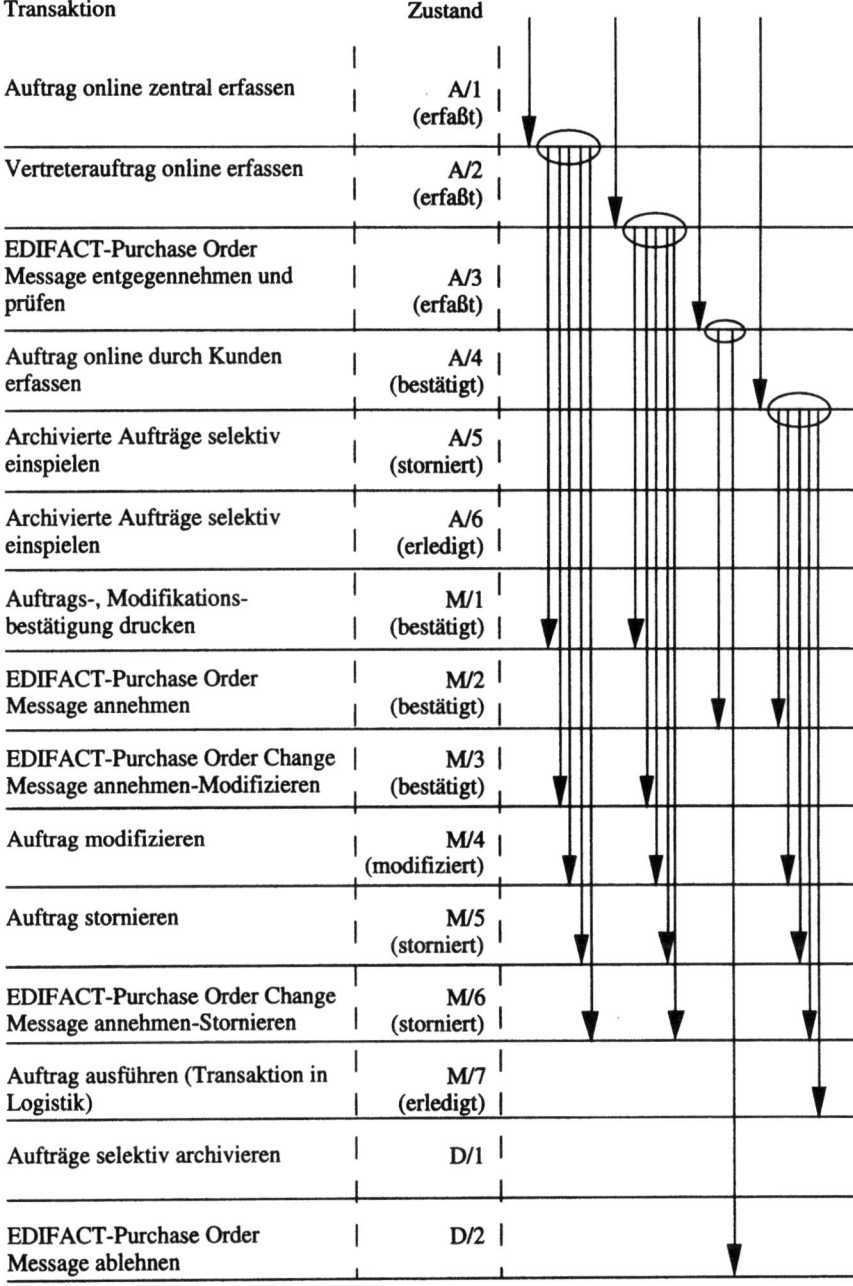

160  4. Informationssystem

## Entitätstyp Auftragskopf (Fortsetzung)

| Transaktion | Zustand |
|---|---|
| Auftrag online zentral erfassen | A/1 (erfaßt) |
| Vertreterauftrag online erfassen | A/2 (erfaßt) |
| EDIFACT-Purchase Order Message entgegennehmen und prüfen | A/3 (erfaßt) |
| Auftrag online durch Kunden erfassen | A/4 (bestätigt) |
| Archivierte Aufträge selektiv einspielen | A/5 (storniert) |
| Archivierte Aufträge selektiv einspielen | A/6 (erledigt) |
| Auftrags-, Modifikationsbestätigung drucken | M/1 (bestätigt) |
| EDIFACT-Purchase Order Message annehmen | M/2 (bestätigt) |
| EDIFACT-Purchase Order Change Message annehmen-Modifizieren | M/3 (bestätigt) |
| Auftrag modifizieren | M/4 (modifiziert) |
| Auftrag stornieren | M/5 (storniert) |
| EDIFACT-Purchase Order Change Message annehmen-Stornieren | M/6 (storniert) |
| Auftrag ausführen (Transaktion in Logistik) | M/7 (erledigt) |
| Aufträge selektiv archivieren | D/1 |
| EDIFACT-Purchase Order Message ablehnen | D/2 |

## Entitätstyp Auftragskopf (Fortsetzung)

| Transaktion | Zustand |
|---|---|
| Auftrag online zentral erfassen | A/1 (erfaßt) |
| Vertreterauftrag online erfassen | A/2 (erfaßt) |
| EDIFACT-Purchase Order Message entgegennehmen und prüfen | A/3 (erfaßt) |
| Auftrag online durch Kunden erfassen | A/4 (bestätigt) |
| Archivierte Aufträge selektiv einspielen | A/5 (storniert) |
| Archivierte Aufträge selektiv einspielen | A/6 (erledigt) |
| Auftrags-, Modifikations- bestätigung drucken | M/1 (bestätigt) |
| EDIFACT-Purchase Order Message annehmen | M/2 (bestätigt) |
| EDIFACT-Purchase Order Change Message annehmen-Modifizieren | M/3 (bestätigt) |
| Auftrag modifizieren | M/4 (modifiziert) |
| Auftrag stornieren | M/5 (storniert) |
| EDIFACT-Purchase Order Change Message annehmen-Stornieren | M/6 (storniert) |
| Auftrag ausführen (Transaktion in Logistik) | M/7 (erledigt) |
| Aufträge selektiv archivieren | D/1 |
| EDIFACT-Purchase Order Message ablehnen | D/2 |

## Entitätstyp EDIFACT-Auftragskopf

| Transaktion | Zustand |
|---|---|
| EDIFACT-Purchase Order Message entgegennehmen und prüfen | A/1 |
| EDIFACT-Purchase Order Change Message entgegennehmen | A/2 |
| EDIFACT-Purchase Order Message annehmen | D/1 |
| EDIFACT-Purchase Order Message ablehnen | D/2 |
| EDIFACT-Purchase Order Change Message annehmen-Stornieren | D/3 |
| EDIFACT-Purchase Order Change Message annehmen-Modifizieren | D/4 |
| EDIFACT-Purchase Order Change Message ablehnen | D/5 |

## 4.9. Online-Transaktionsnetzwerk pro Applikation

**Kundenverwaltung**

| von Transaktion \ zu Transaktion | Starttransaktion Kundenverwaltung | Kundenadresse suchen/anzeigen | Potentiellen Kunden anzeigen | Potentiellen Kunden erfassen | Kunde aufnehmen | Potentiellen Kunden löschen | Kundenstammdaten kopieren | Kundendaten modifizieren | Kundenbetreuung modifizieren | Kunde löschen | Applikation Auftragsverwaltung | Starttransaktion Auftragsverwaltung | Aufträge zu Kunde anzeigen | Auftrag online zentral erfassen | Vertreterauftrag online erfassen |
|---|---|---|---|---|---|---|---|---|---|---|---|---|---|---|---|
| Starttransaktion Kundenverwaltung | - | C | C | C | C | C | C | C | C | C |   | C |   |   |   |
| Kundenadresse suchen/anzeigen |   | - | C |   |   | S | S |   | S |   |   |   | S | S | S |
| Potentiellen Kunden anzeigen |   |   | - | S | S |   |   |   |   |   |   |   |   |   |   |
| Potentiellen Kunden erfassen |   |   |   | - | S |   |   |   |   |   |   |   |   |   |   |
| Kunde aufnehmen |   |   |   |   | - |   |   |   |   |   |   |   |   |   |   |
| Potentiellen Kunden löschen |   | C |   |   |   | - |   |   |   |   |   |   |   |   |   |
| Kundenstammdaten kopieren |   |   |   |   |   |   | - | S | S |   |   |   |   |   |   |
| Kundendaten modifizieren |   | C |   |   |   |   |   | - |   |   |   |   |   |   |   |
| Kundenbetreuung modifizieren |   | C |   |   |   |   |   |   | - |   |   |   |   |   |   |
| Kunde löschen |   | C |   |   |   |   |   |   |   | - |   |   |   |   |   |

## Auftragsverwaltung

| von Transaktion \ zu Transaktion | Starttransaktion Auftragsverwaltung | Aufträge zu Kunde anzeigen | Auftrag anzeigen | Verfügbarkeit prüfen | Auftrag online zentral erfassen | Auftrag online durch Kunden erfassen | Vertreterauftrag online erfassen | Auftrag stornieren | Auftrag modifizieren | EDIFACT-Purchase Order Change Message anzeigen | EDIFACT-Purchase Order Change Message annehmen - Modifizieren | EDIFACT-Purchase Order Change Message annehmen - Stornieren | EDIFACT-Purchase Order Change Message ablehnen | Applikation Kundenverwaltung | Starttransaktion Kundenverwaltung | Kundenadresse suchen/anzeigen |
|---|---|---|---|---|---|---|---|---|---|---|---|---|---|---|---|---|
| Starttransaktion Auftragsverwaltung | - | C | C | C | C | C | C | C | C | C | C | C |  | C |  |  |
| Aufträge zu Kunde anzeigen |  | - | S |  | S |  | S | S | S |  |  |  |  |  |  | C |
| Auftrag anzeigen | S |  | - | S |  |  | S | S | S |  |  |  |  |  |  | C |
| Verfügbarkeit prüfen |  |  |  | - | S | S | S |  |  |  |  |  |  |  |  |  |
| Auftrag online zentral erfassen |  |  |  |  | - |  |  |  |  |  |  |  |  |  |  | C |
| Auftrag online durch Kunden erfassen |  |  |  |  |  | - |  |  |  |  |  |  |  |  |  | C |
| Vertreterauftrag online erfassen |  |  |  |  |  |  | - |  |  |  |  |  |  |  |  | C |
| Auftrag stornieren | C |  |  |  |  |  |  | - |  |  |  |  |  |  |  | C |
| Auftrag modifizieren | C |  |  |  |  |  |  |  | - |  |  |  |  |  |  | C |
| EDIFACT-Purchase Order Change Message anzeigen |  |  |  |  |  |  |  |  |  | - | S | S | S |  |  |  |
| EDIFACT-Purchase Order Change Message annehmen - Stornieren |  |  |  |  |  |  |  | C |  |  | - |  |  |  |  |  |
| EDIFACT-Purchase Order Change Message annehmen - Modifizieren |  |  |  |  |  |  |  |  | C |  |  | - |  |  |  |  |
| EDIFACT-Purchase Order Change Message ablehnen |  |  |  |  |  |  |  | C |  |  |  |  | - |  |  |  |

## Verkaufsführung

| von Transaktion \ zu Transaktion | Starttransaktion Verkaufsführung | Etiketten drucken | Neu aufgenommene Kunden in Zeitabschnitt ermitteln | Regionenumsatz in Zeitabschnitt ermitteln | Vertreterumsatz in Zeitabschnitt ermitteln | Kundenumsatz in Zeitabschnitt ermitteln | Anzahl, Umsatz und Anteil der Aufträge an der Gesamtzahl Aufträge pro Vertriebskanal ermitteln | Umsatz pro Artikel(-Gruppe) in Zeitabschnitt ermitteln | Storni pro Kunde in Zeitabschnitt ermitteln | Storni pro Vertreter in Zeitabschnitt ermitteln | Anzahl und Anteil der Korrekturen an der Gesamtzahl Korrekturen pro Korrekturkanal ermitteln |
|---|---|---|---|---|---|---|---|---|---|---|---|
| Starttransaktion Verkaufsinformationen | - | C | C | C | C | C | C | C | C | C | C |
| Etiketten drucken | | - | | | | | | | | | |
| Neu aufgenommene Kunden in Zeitabschnitt ermitteln | | | - | | | | | | | | |
| Regionenumsatz in Zeitabschnitt ermitteln | | | | - | | | | | | | |
| Vertreterumsatz in Zeitabschnitt ermitteln | | | | | - | | | | | | |
| Kundenumsatz in Zeitabschnitt ermitteln | | | | | | - | | | | | |
| Anzahl, Umsatz und Anteil der Aufträge an der Gesamtzahl Aufträge pro Vertriebskanal ermitteln | | | | | | | - | | | | |
| Umsatz pro Artikel(-Gruppe) in Zeitabschnitt ermitteln | | | | | | | | - | | | |
| Storni pro Kunde in Zeitabschnitt ermitteln | | | | | | | | | - | | |
| Stroni pro Vertreter in Zeitabschnitt ermitteln | | | | | | | | | | - | |
| Anzahl und Anteil der Korrekturen an der Gesamtzahl Korrekturen pro Korrekturkanal ermitteln | | | | | | | | | | | - |

## 4.10. Batch-Transaktionsnetzwerk pro Applikation

## Auftragsverwaltung

| von Transaktion \ zu Transaktion | Auftrags-, Modifikationsbestätigung drucken | Stornobestätigung drucken | EDIFACT-Purchase Order Message entgegennehmen und prüfen | EDIFACT-Purchase Order Message annehmen | EDIFACT-Purchase Order Message ablehnen | EDIFACT-Purchase Order Change Message entgegennehmen | Aufträge selektiv archivieren | Archivierte Aufträge selektiv einspielen | Offene Rechnungspositionen einspielen |
|---|---|---|---|---|---|---|---|---|---|
| Auftrags-, Modifikationsbestätigung drucken | - | | | | | | | | |
| Stornobestätigung drucken | | - | | | | | | | |
| EDIFACT-Purchase Order Message entgegennehmen und prüfen | | | - | A | A | | | | |
| EDIFACT-Purchase Order Message annehmen | | | | - | | | | | |
| EDIFACT-Purchase Order Message ablehnen | | | | | - | | | | |
| EDIFACT-Purchase Order Change Message entgegennehmen | | | | | | - | | | |
| Aufträge selektiv archivieren | | | | | | | - | | |
| Archivierte Aufträge selektiv einspielen | | | | | | | | - | |
| Offene Rechnungspositionen einspielen | | | | | | | | | - |

## 4.11. Beschreibung der Listen und Messages (Ausschnitt)

| Liste: Auftrags-, Modifikationsbestätigung | | | | |
|---|---|---|---|---|
| *Erzeugende Transaktion(en):* | | | | |
| Auftrags-, Modifikationsbestätigung drucken | | | | |
| **Listenelemente** | | | *Häufigkeit des Vorkommens* | |
| *Name* | *Entitätstyp* | *Attribut* | | *Berechnungsformel* |
| Name | Partner | Name | 1 | |
| Straße | Partner | Straße | 1 | |
| ... | | | | |
| Menge | Auftragsposition | Verkaufsmenge | n | |
| Preis | Artikel | Verkaufspreis | n | |
| Betrag | - | - | n | Preis * Menge |
| Total | - | - | 1 | ∑ Betrag |

## 4.12. Beschreibung der Bildschirmmasken (Ausschnitt)

| Bildschirmmaske: Auftragsdetails erfassen | | | | | |
|---|---|---|---|---|---|
| *Verwendende Transaktion(en):* | | | | | |
| Auftrag online zentral erfassen Auftrag modifizieren | | | | | |
| Auftrag online durch Kunden erfassen Auftrag anzeigen | | | | | |
| Vertreterauftrag online erfassen | | | | | |
| **Bildschirmelemente** | | | *Häufigkeit des Vorkommens* | | |
| *Name* | *Entitätstyp* | *Attribut* | I/O | | *Berechnungsformel* |
| Auftragsnummer | Auftragskopf | Auftragsnummer | 1 | O | Übernahme aus Bildschirm "Auftrag online zentral erfassen" |
| Kundennummer | Auftragskopf | Kundennummer | 1 | O | Übernahme aus Bildschirm "Auftrag online zentral erfassen" |
| Name | Partner | Name | 1 | O | Übernahme aus Bildschirm "Auftrag online zentral erfassen" |
| Besteller | Auftragskopf | Besteller | 1 | O | Übernahme aus Bildschirm "Auftrag online zentral erfassen" |
| Liefertermin | Auftragskopf | Liefertermin | 1 | O | Übernahme aus Bildschirm "Auftrag online zentral erfassen" |
| P.Nr. | Auftragsposition | Positionsnummer | n | O | automatische Vergabe |
| Artikelnummer | Auftragsposition | Artikelnummer | n | I | |
| Artikelbezeichnung | Artikel | Artikelbezeichnung | n | O | Ableitung aus der Artikelnummer |
| Menge | Auftragsposition | Verkaufsmenge | n | I | |

168    4. Informationssystem

## 4.13. Beschreibung der Menüstrukturen (Ausschnitt)

Menü Verkauf
    Menü Kundenverwaltung
        Menü Kundenerfassung
            Transaktion "Kundenadresse suchen/anzeigen"
            Transaktion "Potentiellen Kunden anzeigen"
            Transaktion "Potentiellen Kunden erfassen"
            Transaktion "Kundenstammdaten kopieren"
            Transaktion "Kunde aufnehmen"
            Transaktion "Potentiellen Kunden löschen"
        Menü Bestandspflege (Kunden)
            Transaktion "Kundendaten modifizieren"
            Transaktion "Kundenbetreuung modifizieren"
            Transaktion "Kunde löschen"
    Menü Auftragsverwaltung
        Menü Auftragserfassung
            Transaktion "Aufträge zu Kunde anzeigen"
            Transaktion "Auftrag anzeigen"
            Transaktion "Verfügbarkeit prüfen"
            Transaktion "Auftrag online zentral erfassen"
            Transaktion "Auftrag online durch Kunde erfassen"
            Transaktion "Vertreterauftrag online erfassen"
        Menü Bestandspflege (Aufträge)
            Transaktion "Auftrag stornieren"
            Transaktion "Auftrag modifizieren"
            Transaktion "EDIFACT-Purchase Order Change Message anzeigen"
            Transaktion "EDIFACT-Purchase Order Change Message annehmen - Stornieren"
            Transaktion "EDIFACT-Purchase Order Change Message annehmen - Modifizieren"
            Transaktion "EDIFACT-Purchase Order Change Message ablehnen"
        Menü Maintenance
            Transaktion "Aufträge selektiv archivieren"
            Transaktion "Archivierte Aufträge selektiv einspielen"
            Transaktion "Offene Rechnungspositionen einspielen"
    Menü Verkaufsführung
        Transaktion "Etiketten drucken"
        Transaktion "Neu aufgenommene Kunden in Zeitabschnitt ermitteln"
        Transaktion "Regionenumsatz in Zeitabschnitt ermitteln"
        Transaktion "Vertreterumsatz in Zeitabschnitt ermitteln"
        Transaktion "Kundenumsatz in Zeitabschnitt ermitteln"
        Transaktion "Anzahl, Umsatz und Anteil der Aufträge an der Gesamtzahl Aufträge pro Vertiebskanal ermitteln"
        Transaktion "Umsatz pro Artikel(-Gruppe) in Zeitabschnitt ermitteln"
        Transaktion "Storni pro Kunde in Zeitabschnitt ermitteln"
        Transaktion "Storni pro Vertreter in Zeitabschnitt ermitteln"
        Transaktion "Anzahl und Anteil Korrekturen an der Gesamtzahl Korrekturen pro Korrekturkanal ermitteln"

## 4.14. Beschreibung der Dialogflüsse (Ausschnitt)

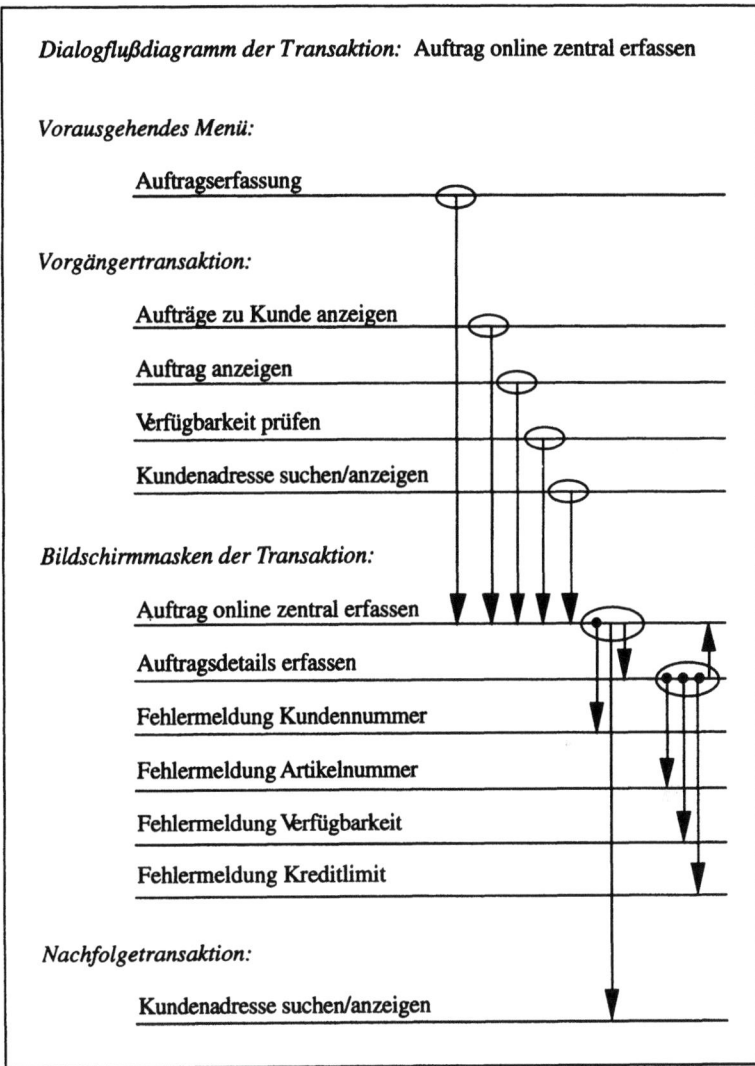

| Transaktion | Stelle | | | | | |
|---|---|---|---|---|---|---|
| | VZ | VR | VA | VT | K | O |
| Starttransaktion Kundenverwaltung | X | X | X | X | | |
| Kundenadresse suchen/anzeigen | X | X | X | X | | |
| Potentiellen Kunden anzeigen | X | X | X | X | | |
| Potentiellen Kunden erfassen | X | X | X | X | | |
| Kunde aufnehmen | X | X | X | X | | |
| Potentiellen Kunden löschen | X | X | X | X | | |
| Kundenstammdaten kopieren | X | X | X | X | | |
| Kundendaten modifizieren | X | X | X | X | | |
| Kundenbetreuung modifizieren | X | X | X | X | | |
| Kunde löschen | X | X | X | X | | |
| Kundendaten aktualisieren | | | | | | |
| Offene Rechnungspositionen einspielen | | | | | | X |
| | | | | | | |
| Starttransaktion Auftragsverwaltung | X | X | X | X | X | X |
| Auträge zu Kunde anzeigen | X | X | X | X | X | |
| Auftrag anzeigen | X | X | X | X | X | |
| Verfügbarkeit prüfen | X | X | X | X | X | |
| Auftrag online zentral erfassen | X | X | X | | | |
| Auftrag online durch Kunden erfassen | | | | | X | |
| Vertreterauftrag online erfassen | X | X | X | X | | |
| Auftrags-, Modifikationsbestätigung drucken | | | | | | |
| Stornobestätigung drucken | | | | | | |
| Auftrag modifizieren | X | X | X | | | |
| Auftrag stornieren | X | X | X | | | |
| EDIFACT-Purchase Order Message entgegennehmen und prüfen | | | | | | |
| EDIFACT-Purchase Order Message annehmen | | | | | | |
| EDIFACT-Purchase Order Message ablehnen | | | | | | |
| EDIFACT-Purchase Order Change Message entgegennehmen | | | | | | |
| EDIFACT-Purchase Order Change Message anzeigen | X | X | X | | | |
| EDIFACT-Purchase Order Change Message annehmen - Stornieren | X | X | X | | | |
| EDIFACT-Purchase Order Change Message annehmen- Modifizieren | X | X | X | | | |
| EDIFACT-Purchase Order Change Message ablehnen | X | X | X | | | |
| Aufträge selektiv archivieren | | | | | | X |
| Archivierte Aufträge selektiv einspielen | | | | | | X |

## 4.15. Autorisierung

| Transaktion | Stelle | | | | | |
|---|---|---|---|---|---|---|
| | VZ | VR | VA | VT | K | O |
| Starttransaktion Verkaufsführung | X | X | X | | | |
| Etiketten drucken | X | X | X | | | |
| Neu aufgenommene Kunden in Zeitabschnitt ermitteln | X | X | X | | | |
| Regionenumsatz in Zeitabschnitt ermitteln | X | X | X | | | |
| Vertreterumsatz in Zeitabschnitt ermitteln | X | X | X | | | |
| Kundenumsatz in Zeitabschnitt ermitteln | X | X | X | | | |
| Anzahl, Umsatz und Anteil der Aufträge an der Gesamtzahl Aufträge pro Vertriebskanal ermitteln | X | X | X | | | |
| Umsatz pro Artikel(-Gruppe) in Zeitabschnitt ermitteln | X | X | X | | | |
| Storni pro Kunde in Zeitabschnitt ermitteln | X | X | X | | | |
| Storni pro Vertreter in Zeitabschnitt ermitteln | X | X | X | | | |
| Anzahl und Anteil der Korrekturen an der Gesamtzahl Korrekturen pro Korrekturkanal ermitteln | X | X | X | | | |

# Literaturverzeichnis

[Bahnmüller 1993]
Bahnmüller, K., Unterhaltungselektronikmarkt Schweiz 1992: Leisere Töne, in: Handelszeitung, 25. März 1993, Heft 12, S. 29

[Bleicher 1991]
Bleicher, K., Organisation: Strategien - Strukturen - Kulturen, 2. Aufl., Gabler, Wiesbaden 1991

[Chakravarthy/Lorange 1991]
Chakravarthy, B. S., Lorange, P., Managing the Strategy Process: A Framework for a Multibusiness Firm, Prentice-Hall, Englewood Cliffs et al. 1991

[Gomez 1993]
Gomez, P., Wertmanagement: Vernetzte Strategien für Unternehmen im Wandel, Econ, Düsseldorf 1993

[Gutzwiller 1994]
Gutzwiller, Th., Das CC RIM-Referenzmodell für den Entwurf von betrieblichen transaktionsorientierten Informationssystemen, Physica, Heidelberg 1994

[Hax/Majluf 1991]
Hax, A. C., Majluf, N. S., Strategisches Management: Ein integratives Konzept aus dem MIT, Campus, Frankfurt/New York 1991

[Hinterhuber 1992]
Hinterhuber, H. H., Strategische Unternehmungsführung, Band 1+2, 5. Aufl., de Gruyter, Berlin/New York 1992

[IMG 1994a]
Information Management Gesellschaft, PROMET BPR - Methodenhandbuch für den Entwurf von Geschäftsprozessen, Version 1.0, St. Gallen/München 1994

[IMG 1994b]
Information Management Gesellschaft, PROMET SSW - Projekt-Methode zur Einführung von Standardsoftware, Version 2.0, St. Gallen/München 1994

[Malik 1981]
Malik, F., Integriertes Managementsystem, in: Die Orientierung, Heft 78, Schweizerische Volksbank, Bern 1981

[Picot/Maier 1993]
Picot, A., Maier, M., Interdependenzen zwischen betriebswirtschaftlichen Organisationsmodellen und Informationsmodellen, in: Information Management, Jg. 8, 1993, Heft 3, S. 6-15

[Porter 1985]
Porter, M. E., Competitive Advantage, Free Press, New York 1985

[Porter 1988]
Porter, M. E., Wettbewerbsstrategien: Methoden zur Analyse von Branchen und Konkurrenten, 5. Aufl., Campus, Frankfurt/New York 1988

[Pümpin 1992]
Pümpin, C., Strategische Erfolgspositionen: Methodik der dynamischen strategischen Unternehmensführung, Haupt, Bern/Stuttgart 1992

[Rowe et al. 1989]
Rowe, A. J., Mason, R. O., Dickel, K. E., Snyder, N. H., Strategic Management: A Methodological Approach, 3. Aufl., Addison-Wesley, Reading et al. 1989

[Ulrich 1990]
Ulrich, H., Unternehmenspolitik, 3. Aufl., Haupt, Bern/Stuttgart 1990

[Wiseman 1988]
Wiseman, C., Strategic Information Systems, Irwin, Homewood 1988

**H.-J. Appelrath, J. Ritter**

## R/3-Einführung

**Methoden und Werkzeuge**

1999. XIV, 210 S. 48 Abb., 5 Tab.
(SAP Kompetent) Geb.
**DM 69,-**; öS 504,-; sFr 63,- ISBN 3-540-65593-X

**J. Becker, W. Uhr**

## Integrierte Informationssysteme in Handelsunternehmen

2000. Etwa 250 S. (SAP Kompetent) Geb.
**DM 69,-**; öS 504,-; sFr 63,- ISBN 3-540-65536-0

**P. Buxmann, W. König**

## Zwischenbetriebliche Kooperationen auf Basis von SAP-Systemen

**Perspektiven für die Logistik und das Servicemanagement**

1999. XIV, 196 S. 85 Abb., 1 Tab.
(SAP Kompetent) Geb.
**DM 69,-**; öS 504,-; sFr 63,- ISBN 3-540-65503-4

**G. Knolmayer, . Mertens, A. Zeier**

## Supply Chain Management auf Basis von SAP-Systemen

**Perspektiven der Auftragsabwicklung für Industriebetriebe**

1999. X, 211 S. (SAP Kompetent) Geb.
**DM 69,-**; öS 504,-; sFr 63,- ISBN 3-540-65512-3

Springer · Kundenservice
Haberstr. 7 · 69126 Heidelberg
Tel.: 06221-345200 · Fax.: 06221-300186
Bücherservice: e-mail: orders@springer.de
Zeitschriftenservice: e-mail: subscriptions@springer.de

 Springer

Preisänderungen und Irrtümer vorbehalten. d&p · 66767 SF/1

# Business Engineering

**H. Österle, R. Winter,** Universität St. Gallen (Hrsg.)
## Business Engineering
**Auf dem Weg zum Unternehmen des Informationszeitalters**

Das Buch behandelt die Transformation von Unternehmen des Industriezeitalters in erfolgreiche Organisationen des Informationszeitalters. Es geht auf die fachliche wie auf die politische und kulturelle Dimension dieses Wandels ein. Im ersten Teil wird der St. Galler Ansatz vorgestellt, im zweiten Teil werden verschiedene Forschungsansätze zusammengefasst, der dritte Teil umfasst ausgewählte Berichte aus der Praxis.

2000. Etwa 300 S. (Business Engineering) Geb. **DM 89,-**; öS 650,-; sFr 81,- ISBN 3-540-67258-3

**R. Jung, R. Winter,** Universität St. Gallen (Hrsg.)
## Data Warehousing Strategie
**Erfahrungen, Methoden, Visionen**

Data Warehousing ist seit einigen Jahren in vielen Branchen ein zentrales Thema. Die anfängliche Euphorie täuschte jedoch darüber hinweg, dass zur praktischen Umsetzung gesicherte Methoden und Vorgehensmodelle fehlten. Dieses Buch stellt einen Beitrag zur Überwindung dieser Lücke zwischen Anspruch und Wirklichkeit dar. Es gibt im ersten Teil einen Überblick über aktuelle Ergebnisse im Bereich des Data Warehousing, im zweiten Teil berichten Projektleiter umfangreicher Data Warehousing-Projekte über Erfahrungen und Best Practices.

2000. Etwa 300 S. (Business Engineering) Geb. **DM 89,-**; öS 650,-; sFr 81,- ISBN 3-540-67308-3

**V. Bach, H. Österle,** Universität St. Gallen (Hrsg.)
## Customer Relationship Management in der Praxis
**Wege zu kundenzentrierten Lösungen**

Customer Relationship Management fasst sämtliche Aktivitäten zusammen, deren Ziel eine verbesserte Kundenorientierung ist. Dazu zählen Lösungen wie Contact Center, Internet-Communities, Customer Profiling and Multi-Channel-Management. Anhand von Praxisbeispielen führender Unternehmen wie Credit Suisse, SAP und Neue Zürcher Zeitung werden innovative Lösungen vorgestellt.
Eine Studie des Instituts für Wirtschaftsinformatik der Universität St. Gallen zeigt aktuelle Trends im Bereich CRM bei Finanzdienstleistern auf.

2000. Etwa 300 S. (Business Engineering) Geb. **DM 89,-**; öS 650,-; sFr 81,- ISBN 3-540-67309-1

Springer · Kundenservice
Haberstr. 7 · 69126 Heidelberg
Tel.: 0 62 21-345 200 · Fax: 0 62 21-300 186
Bücherservice: e-mail: orders@springer.de

Springer

Preisänderungen und Irrtümer vorbehalten. d&p · BA 60694

MIX
Papier aus verantwortungsvollen Quellen
Paper from responsible sources
FSC® C105338

If you have any concerns about our products,
you can contact us on
ProductSafety@springernature.com

In case Publisher is established outside the EU,
the EU authorized representative is:
Springer Nature Customer Service Center GmbH
Europaplatz 3, 69115 Heidelberg, Germany

Printed by Libri Plureos GmbH
in Hamburg, Germany